coleção ● ▶ primeiros
241 ◀ ▶ ◀ ▶ passos

Maria Luiza Silveira Teles

O QUE É NEUROSE

editora brasiliense

Copyright © by Maria Luiza Silveira Teles

Nenhuma parte desta publicação pode ser gravada, armazenada em sistemas eletrônicos, fotocopiada, reproduzida por meios mecânicos ou outros quaisquer sem autorização prévia da editora.

ISBN: 85-11-01241-9
Primeira edição, 1990
1ª reimpressão, 2004

Preparação de originais: Eduardo Keppler
Revisão: Ana Maria Mendes Barbosa e Rosemary C. Machado
Capa: Leo Eduardo Rodrigues de Amorim

Dados Internacionais de Catalogação na Publicação (CIP)
(Câmara Brasileira do Livro, SP, Brasil)

Teles, Maria Luiza Silveira
O que é neurose / Maria Luiza Silveira Teles. – São Paulo : Brasiliense, 2004. – (Coleção primeiros passos, 241)

1ª reimpr. da 1ª ed. de 1990.
ISBN 85-11-01241-9

1. Neurose - Obras de divulgação I. Título. II. Série.

	CDD-616.852
04-1977	NLM-WM 170

Índices para catálogo sistemático:
1. Neurose : Medicina   616.852

editora brasiliense s.a.
Rua Airi, 22 - Tatuapé - CEP 03310-010 - São Paulo - SP
Fone/Fax: (0xx11) 6198-1488
E-mail: brasilienseedit@uol.com.br
www.editorabrasiliense.com.br

livraria brasiliense s.a.
Rua Emília Marengo, 216 - Tatuapé - CEP 03336-000 - São Paulo - SP
Fone/Fax: (0xx11) 6675-0188

> "Sempre é difícil nascer. A ave tem que sofrer para sair do ovo. (...) Mas volte o olhar para trás e pergunte a si mesmo se foi de fato tão penoso o caminho. Difícil apenas? Não terá sido belo, também?"
>
> Herman Hesse, *in DEMIAN*

SUMÁRIO

I —	Critérios de normalidade	9
II —	Conceito de neurose	16
III —	Tipos de neurose	29
IV —	Ansiedade, fobia social, doença do pânico e depressões	36
V —	A história de vida	48
VI —	O contexto social	56
VII —	A psicologia e a psicanálise: caminhos e descaminhos	60
VIII —	Evitando a neurose e buscando a cura	68
IX —	Conclusão	76

CRITÉRIOS DE NORMALIDADE

> "Cada homem, em sua complexidade psíquica, é uma obra única."
>
> *Joyce McDougall*

O que é ser normal? Existe alguém que seja realmente normal? Etimologicamente, o "normal" seria "aquele que segue as regras, que é regular, comum".

Tomemos como exemplo um funcionário que vive só, faz seu serviço com perfeição, é educado com as pessoas, embora sem nunca ter intimidade com elas; jamais transgride qualquer regra social ou moral; tem seu apartamento impecavelmente limpo e organizado, onde nada pode sair do lugar; repete a mesma rotina diariamente, nunca dá gargalhadas, não cria nada de diferente, não é espontâneo, tem comportamentos sempre estereotipados e calculados... Bem, ele está dentro das "normas", segue as "regras sociais", é uma pessoa "comum". Seria, pois, "normal"?

Outro exemplo: uma mulher casada, que nunca "traiu" seu companheiro, cumpre, como pode, seu papel de esposa, mãe, dona de casa; faz suas visitas, acompanha o marido em seus compromissos sociais, é elegante, cuidada, bem-informada, gosta de viver ao telefone ou à porta de casa apontando todas as mulheres que ela considera "devassas" e "imorais"; e que, com elegância e fina ironia, destila sempre uma pontinha de "veneno" em suas conversas, levantando suspeitas sobre o comportamento ou o caráter alheio... Ela é normal?

Qual seria o parâmetro de normalidade?

Tendemos a achar que existe um padrão de comportamento "normal" e quem não se encaixa nesta "fôrma" seria tachado de "anormal" e, dificilmente, suas atitudes seriam aceitas.

A maioria das pessoas faz um enorme esforço para se colocar dentro daquela imagem estereotipada que tem como "normal". Faz questão de ser "regular", pelo menos aos olhos dos outros... Mas elas não gostariam, jamais, de serem tachadas de "comuns" ou "medíocres", que é, na verdade, o que são, de acordo com a etimologia. Se, por um lado, não desejam ser "comuns", por outro, também não querem ser "anormais".

À primeira vista, parece que dizer o que é "normal" ou "anormal" seja algo fácil, evidente. Mas, normal em relação a quê? Aos olhos de quem? Será que existe, realmente, uma estrutura "normal" da personalidade?

As pessoas de inteligência superior, cujos horizontes são mais amplos, que vivem se debatendo com indagações diante da vida e do cosmo, poderão elas se enquadrar perfeitamente no sistema que foi criado pela maioria "comum"? Seriam, então, "anormais"?

Se nossa sociedade é cruel, competitiva, injusta, violenta, hipócrita, fria, indiferente, seria normal ser cruel, competitivo, injusto, violento, hipócrita, frio, indiferente?...

É o normal viver sob estresse porque "é preciso" ter sucesso, andar na moda, ter antiguidades em casa, ser o primeiro da classe, o campeão no esporte, ter mais e melhores coisas do que o vizinho, o irmão ou o amigo?... É normal viver como se a vida fosse uma maratona?... Nunca ficar só consigo mesmo, detestar o silêncio?...

A natureza nos dá lições preciosas. Ela é harmônica, tem seus ciclos, é cheia de paz. Como dizia Perls, psicólogo alemão que viveu nos Estados Unidos e faleceu em 1970: "Uma rosa é uma rosa, um elefante é um elefante". Já imaginou se uma rosa "quisesse" ser um elefante ou vice-versa? Só nós humanos não somos conforme a nossa natureza e desejamos ser o que não somos. É isso o "normal"?...

De qualquer modo, é usual, ao se definir normalidade, valer-se de critérios estatísticos, culturais ou funcionais.

De acordo com o critério estatístico, o "normal" seria a média das pessoas, essas pessoas comuns, às quais já me referi, que procuram apenas seguir as regras preestabelecidas; que não criam, não inovam, não renovam, apenas servem como sustentáculos de uma sociedade já pronta, que se considera boa e perfeita.

Conforme este critério, portanto, os grandes homens não poderiam ser considerados "normais". Por isso, levam na Terra uma vida mais difícil, pois são "diferentes". Não buscam a segurança das massas, vivem mais das alegrias de seus próprios sonhos. E, no entanto, é somente graças a esses homens que pudemos sair das cavernas e alcançar o infinito...

Já do ponto de vista cultural, o que é normal aqui, não o é ali. Em algumas culturas, por exemplo, o homem que tem visões é um "iluminado"; entre nós não passa de um "louco". Esta é uma relatividade que não pode me satisfazer quando procuro elaborar conceitos dentro de uma ciência que deveria ser universal. Prefiro, pois, adotar o critério funcional, na falta de algo melhor.

E o que seria o "normal", pelo critério funcional? Para mim é aquele indivíduo que consegue um equilíbrio entre suas necessidades e as imposições do ambiente. Preserva sua individualidade, o contato consigo mesmo, tem seu próprio código de valores, é produtivo, espontâneo, criativo, sociável, cooperativo, tem seus próprios caminhos, sem desviar-se, de maneira gritante e agressiva, das normas vigentes em sua sociedade. Diante desta mesma sociedade ele é crítico, nunca simplesmente submisso. Um bom exemplo seriam, talvez, os artistas, os poetas, que, embora muitas vezes levando uma vida incomum, não transgridem as normas sociais, mas usam de sua arte para protestarem diante das injustiças e fazerem a proposta de uma nova ordem social.

O indivíduo normal, então, preserva os valores que são o pilar, o eixo, o núcleo de sua personalidade e revê, recicla, constantemente, aqueles outros valores periféricos, que mudam com as circunstâncias e a época. Não é, pois, rígido, mas flexível. O que não significa, absolutamente, ser instável ou ficar sempre "em cima do muro". Significa, isto sim, que, como tudo na natureza, da qual faz parte, está em constante evolução, porque a única razão para a vida só pode ser o crescimento.

Diferente de outras formas de vida, o ser humano pode crescer física, emocional, intelectual e espiritualmente e somente a expansão destas dimensões nos define como verdadeiros seres humanos. Viver significa mais estar sempre em processo de transformação, nascendo e morrendo, do que propriamente ser.

O que acabo de dizer não contradiz o que já coloquei anteriormente. Continuo afirmando que é extremamente difícil definir o normal e o anormal. Embora sejamos capazes de identificar com facilidade o comportamento claramente patológico, isto é, doentio, não é fácil perceber as múltiplas nuanças da normalidade, ou os vários graus de sua escala, como é o caso daqueles que estão exatamente na fronteira entre o normal e o anormal. A linha que separa a normalidade da anormalidade é extremamente tênue, se é que existe.

Dentro do que já expus, anormalidade, então, em psicologia, seria mais uma condição que impediria um indivíduo de funcionar efetivamente em sua sociedade, de maneira produtiva, criativa e cooperativa, sem perda da riqueza de sua individualidade.

Você não pode esquecer que o conceito de "normalidade" que a criança vai aos poucos introjetando é daquilo que lhe é familiar. O normal para ela é o que é conhecido, o que é feito em casa, o que é aceito no lar. E a criança, para ter o amor e a aprovação de seus pais, tenderá a lançar mão de todos os seus esforços a fim de que possa respeitar suas interdições e abraçar seus ideais. Por isso, poucos conseguem escapar à "normalização normalizante", poucos conseguem fugir à "ducha fria" do ingresso na ordem estabelecida.

As crianças, antes de serem normatizadas, são questionadoras, criativas, imaginativas. Alexandre Dumas, escritor francês do século XIX, se perguntava, com razão: "Por que as crianças, que são tão inteligentes, se tornam, quase sempre, adultos tão imbecis?...".

Se o homem tiver apenas os pés na terra, isto é, se mergulhar de corpo e alma apenas na Realidade, corre o risco de perder o contato com o Simbólico e o Imaginário. Teremos aí a chamada "normalidade patológica". Já aquele que apenas voa e perde o total contato com a Realidade, vivendo apenas no Simbólico e no Imaginário, este será o verdadeiro "louco".

Dizem os psicanalistas que aqueles que estão "bem-demais-em-sua-pele" podem estar em estado de perigo, pois a normalidade elevada ao plano de um ideal não é senão a loucura bem-compensada, que poderá explodir a qualquer momento que houver descompensação.

Do ponto de vista lacaniano (Lacan, o mais moderno seguidor de Freud, o criador da Psicanálise), "a normalidade é a apoteose da psicopatologia, uma vez que é basicamente incurável".

Para finalizar à questão, quero deixar bem claro que não posso, e ninguém pode, não tem o direito e nem a autoridade de, como de um ponto superior, colocar "rótulos" nas pessoas, sejam quais forem. As pessoas são únicas, expressões singulares da natureza, e de uma complexidade psíquica profunda, sendo a nossa ignorância quanto a elas muito grande.

Muitas vezes são os homens retos e puros, espontâneos e autênticos, corajosos, criativos e rebeldes que são considerados "anormais" por uma sociedade que, no fundo, teme as mudanças que eles possam provocar.

CONCEITO DE NEUROSE

> "Há barcos para muitos portos, nenhum para a vida não doer."
>
> *Fernando Pessoa*

Já fiz referência à nossa sociedade, que muitos estudiosos consideram "doente", exatamente porque, cada vez mais, desenvolve valores inconsistentes que afastam o homem de si próprio, de seu semelhante e da natureza. De uma certa forma, pois, somos todos "doentes", e a raiz de nossa doença é a perda do sentido do valor e da dignidade do ser humano. Estamos nos massificando, sendo engolidos pela multidão e vivendo uma "moralidade de escravos". Estamos sofrendo um verdadeiro processo de desumanização.

Essa desumanização, essa perda de identidade revelam-se bem na literatura, nas artes plásticas e na própria psicanálise.

Se vivemos, pois, em uma sociedade "doente", provavelmente a maioria não escapa das malhas da doença. Talvez apenas alguns poucos que, também com dor, lutam desesperadamente para não perderem o seu eixo, seus pontos de referência, sua própria identidade...

Mas, se esta sociedade "doente" é tida como parâmentro de normalidade, como ficamos?

É fácil para a sociedade não reconhecer que ela é o centro de muitas coisas ruins que enfraquecem os indivíduos e que deterioram os relacionamentos humanos. Porque o reconhecimento de que ela é o verdadeiro "câncer" que consome seus componentes teria que levar, forçosamente, a mudanças estruturais importantes e profundas. E, como isso não interessa a uma minoria dominante, que detém não apenas o poder econômico, mas também o poder do Saber, é bem mais fácil jogar a culpa nos indivíduos, colocar em alguns a etiqueta de "doentes" e, até, se possível, afastá-los da sociedade e da família, que se julgam perfeitas e boas.

O homem é uma criatura bio-psicossocial. Qualquer análise que usar como base apenas um aspecto desta tríade já peca por princípio. E mais: ele é um todo. Tudo nele está em constante interação. Seria muito difícil, ou praticamente impossível, dizer que algum comportamento seu seja apenas biológico, psíquico ou social. Podemos, por exemplo, dizer que o sexo em nós é apenas uma manifestação biológica? Por que, então, ele se apresenta de maneira diferente de acordo com a cultura? E por que pessoas absolutamente normais, do ponto de vista físico, apresentam dificuldades nesta área?

Afirmar, portanto, que algum sintoma seja simplesmente orgânico, ou apenas psíquico, ou, então, somente reflexo do social, é um erro clamoroso.

Assim, as neuroses que, até pouco tempo, eram tidas como distúrbios puramente emocionais, não podem mais ser analisadas desta forma. Então, ao conceituar neurose, não podemos mais declarar, como antes, que ela "é um distúrbio de comportamento, sem nenhuma perturbação orgânica correspondente no cérebro". Hoje em dia é necessário rever o lado químico e elétrico do cérebro, porque já está comprovado que defeitos nos neurotransmissores químicos (elementos de ligação entre os neurônios) como a dopamina, a noradrenalina e a serotonina correspondem a mudanças no comportamento.

Agora, é o caso de se perguntar: "O que vem primeiro?". As distorções sociais, os distúrbios emocionais ou as mudanças químicas e elétricas no cérebro? Não seria a questão do ovo e da galinha?...

É interessante que Freud, embora não dispusesse de elementos para fazer tal afirmação, nunca perdeu a esperança de que, algum dia, poder-se-ia comprovar a ligação entre os distúrbios de comportamento e o funcionamento orgânico do cérebro. Ele pensava que o valor causal da neurose teria que ser explicado pela mecânica dos neurônios e pelos eventuais distúrbios na distribuição de energia no interior do sistema nervoso.

Hoje existem exames como a Ressonância Magnética Nuclear Acelerada, a Eletroencefalografia Computadorizada e a Tomografia por Emissão de Pósitrons que já podem mostrar as diferenças entre o cérebro de uma pessoa considerada normal e de outra considerada doente. E estes exames já podem ser feitos na infância, mostrando problemas que poderão ser evitados no futuro, começando-se, desde cedo, o tratamento adequado.

Uma coisa, então, não se discute mais: há fatores hereditários que influem tanto no caso da neurose, da qual estamos tratando, como da psicose (vulgarmente chamada de "loucura"). Uma experiência clássica em psicologia, conhecida por qualquer estudante da área, nos mostra, porém, como a hereditariedade não funciona fatalisticamente, mas que vai agir sempre em inter-relação com o ambiente.

A experiência foi feita com um grupo de "drosophilas" ou a conhecida "mosca-das-frutas". Pois bem, esse grupo de moscas tinha um defeito genético que as fazia nascer com as pernas reduplicadas. Um cientista, porém, descobriu que se colocasse os ovos da mosca em uma temperatura mais elevada, a nova geração nasceria normal, sem apresentar o referido defeito. Entretanto, se essa nova geração perfeita chocava seus ovos em temperatura ambiental, novamente o defeito se manifestava. Percebemos aí a influência do meio.

É claro que, no caso das moscas, o meio é exclusivamente físico. Já no caso do ser humano, o mais importante é o meio social.

Então, se uma pessoa tem predisposição para a neurose ou para a psicose, talvez esta predisposição não se manifeste em determinados ambientes familiares e sociais. Porque a maneira como a criança vai enxergar

a realidade e lidar com ela dependerá bastante da visão de mundo e dos valores e hábitos de conduta que ela vai introjetar. Se, por exemplo, uma criança sensível é criada numa família em que os pais são frios, indiferentes, ausentes ou, por outro lado, agressivos, instáveis, certamente essa criança apresentará distúrbios de comportamento, o que não aconteceria dentro de uma família calorosa, amorosa, respeitadora, livre, democrática.

Uma coisa é certa: todos nós temos os nossos traços neuróticos, todos temos momentos ilógicos, por menores e mais invisíveis que sejam. Todos temos medos, inseguranças, conflitos, ansiedades, sentimentos de culpa. Todos usamos os recursos dos mecanismos de defesa para proteger o nosso ego, a nossa auto-estima. Quantas vezes, por exemplo, deixamos de comparecer a um acontecimento em que teríamos que nos "expor", com medo do fracasso? Muita gente considerada inteligente e erudita nunca escreve nada, nunca faz discursos ou palestras, simplesmente porque tem medo de não "brilhar" e cair no seu próprio conceito. Estes são recursos com que o indivíduo protege a sua auto-estima.

A verdade é que temos que crescer e enfrentar a realidade e a hostilidade do mundo, mas, no fundo de nós, habitará sempre a criança impotente diante de um mundo, de uma natureza e de um infinito que não compreende. Habitará sempre em nós a consciência de que nada é permanente, de que tudo morre, deteriora-se e passa, até mesmo nós. Como ouvi um personagem falar em um filme: "Quando a gente cresce, fica mais alto, mas não, necessariamente, mais forte...". Entretanto, se esta criança pode ser a fonte de muitos medos e inseguranças, pode, também, ser a fonte de toda a criatividade...

Mas, então, você há de se perguntar: "quem é o neurótico?". A verdade é que a nossa compreensão da neurose está longe de ser clara ou completa. Este aspecto do comportamento humano é extremamente difícil de se estudar.

De acordo com Freud, o neurótico seria aquele em cujo inconsciente continuam dinâmicos os conflitos das fases do desenvolvimento da sexualidade infantil, principalmente os da fase Edipiana, em que a criança se apaixona por um dos pais (o do sexo oposto) e vê como rival o pai do mesmo sexo, temendo, então, a vingança por parte deste. O mecanismo básico da neurose seria, pois, a repressão dos conflitos, que levaria à ansiedade, a qual, por sua vez, se manifestaria de várias formas (sintomas). O consciente não seria a zona da verdade, mas do ocultamento.

Já de acordo com Karen Horney, psicóloga culturalista contemporânea (alemã, naturalizada americana), a dinâmica dos conflitos neuróticos seria a repressão da agressividade infantil, que produziria a "ansiedade básica", que haveria de impregnar toda a personalidade do adulto.

Já Perls, a quem me referi anteriormente, e Reich (também psicólogo, ou melhor, psiquiatra de nacionalidade austríaca, falecido em meados do nosso século, nos Estados Unidos) vêem a neurose como uma couraça que desenvolvemos para não lidarmos com a realidade que não podemos suportar. E, assim por diante... cada um tem a sua teoria.

O que posso observar, pessoalmente, é o seguinte: existem dois tipos de neurose, basicamente: uma situacional, que é uma simples reação a circunstâncias extremamente estressantes, quando a tensão provocada pelos conflitos, pelas frustrações, pelas doenças, pelos insucessos, pelas perdas, etc., ultrapassam o limite individual, desorganizando o psiquismo das pessoas, o que se manifestará através de vários sintomas, como a dificuldade de concentração, insônia, dores de cabeça, distúrbios gástricos e alérgicos, agressividade, irritabilidade, falhas de memória, cansaço constante, etc. O outro tipo é mais grave: é o resultado de todo um processo de desenvolvimento que começou, provavelmente, desde o primeiro ano de vida.

Considero que entre a neurose e a psicose existe uma diferença qualitativa. Porém, entre a neurose e a pretensa "normalidade", tudo é apenas uma questão de grau. Acredito, também, que um processo básico no mecanismo da neurose é a discrepância entre o "eu real" e o "eu ideal". A luta por ser o que não somos provoca-nos fadiga psíquica, que se expressa através de múltiplos sintomas.

Impossível falar em neurose sem deter-nos, cuidadosamente, nos mecanismos de defesa, pois estes são os recursos principais de que o neurótico lança mão para lidar com a realidade, que pretende sempre distorcer. Todas as pessoas usam, vez por outra, destes mecanismos para evitar a ansiedade e a dor. Entretanto, os neuróticos fazem deles o seu mecanismo primordial de ajustamento. Aí está a questão de grau a que me referi.

Os mecanismos mais habituais são:

REPRESSÃO: Um mecanismo comum de defesa é fugir da frustração ou da situação que provoca a ansiedade. Esta fuga pode tomar várias formas, uma das quais é a repressão (a base de todas as outras). A repressão permite à pessoa retirar da consciência experiências humilhantes, de dor, de culpa, de embaraço, etc. Inconscientemente, a pessoa esquece pensamentos ou sentimentos que são especificamente dolorosos ou injuriosos ao "eu". A forma mais extrema é a amnésia (perda da memória, sem danos cerebrais). É o caso, por exemplo, de uma mulher que simplesmente não consegue lembrar-se de uma cena muito dolorosa que lhe aconteceu aos doze anos: presenciou o pai matar a mãe e, depois, suicidar-se. Ela se lembra de quase todos os fatos da infância e, inclusive, dos gritos da briga que precedeu a tragédia. Mas quanto à cena propriamente dita, não consegue recordar-se de nada. Ela jogou para o inconsciente (reprimiu) aquilo que ainda hoje é, para ela, motivo de grande dor.

FANTASIA: Quando a realidade é muito difícil de se enfrentar, o indivíduo costuma lançar mão da fantasia, do sonho, o que o alivia. Este mecanismo é muito comum na adolescência. Entretanto, se se torna freqüente, pode provocar uma quebra no sentimento da realidade, transformando-se em um comportamento doentio. Um exemplo de fantasia é imaginar-nos em uma praia, quando estamos exaustos e ansiosos por umas férias.

RACIONALIZAÇÃO: A pessoa pode se defender de suas próprias incapacidades encontrando desculpas ou argumentos "lógicos" para seu comportamento. Colocando a culpa em alguém ou em alguma coisa, ela evita o risco de perder a auto-estima ou a aprovação social. É o caso do aluno que, não tendo estudado, culpa o professor por não ter ido bem na prova.

PROJEÇÃO: Quando atribuímos nossas qualidades indesejáveis a outros, estamos, em verdade, exibindo um mecanismo de defesa conhecido como projeção. Reprimindo nossas características indesejáveis e projetando-as nos outros, aliviamos nossos sentimentos de inadequação, culpa, hostilidade, ciúme, etc. A projeção, como os outros mecanismos, é inteiramente inconsciente. Nós não costumamos enxergar nossos próprios traços indesejáveis. Em vez disso, os condenamos nos outros. Por exemplo, quando duvidamos de nossa sanidade mental, vivemos achando que todo mundo é louco.

SUBLIMAÇÃO: De acordo com Freud, sublimação é o estabelecimento de um objetivo secundário que o indivíduo pode satisfazer em lugar de um outro inaceitável socialmente ou fisicamente impossível. Sublimamos, por exemplo, nossos desejos sexuais em atividades como o esporte, a dança, a pintura, a literatura.

FORMAÇÃO DE REAÇÃO: Outro mecanismo de defesa bastante relacionado com a sublimação é a formação de reação ou reação contrária. Ocorre quando um indivíduo se protege de um sentimento reprimido desenvolvendo uma crença ativa em alguma coisa diametralmente oposta. Talvez, inconscientemente, o indivíduo tenha medo de seus impulsos e defenda sua auto-estima, perseguindo um comportamento que ele sabe ser socialmente aceitável e livre de culpa. É o caso do puritanismo.

COMPENSAÇÃO: A compensação permite, assim como a sublimação, que a pessoa substitua seu objetivo por algum outro. Diferente, porém, da sublimação, isto resulta da experiência do fracasso ou do medo do fracasso. Um estudante destituído de qualquer habilidade atlética pode, por exemplo, esforçar-se bastante e ser o primeiro aluno da classe.

REGRESSÃO: A pessoa tenta escapar da frustração ou situações provocadoras de ansiedade, retornando a formas primitivas de comportamento. Um exemplo comum é encontrado no caso de um marido que, incapaz de se ajustar às demandas do casamento, volta para a casa de seus pais. O comportamento regressivo é muito freqüente entre as crianças.

NEGAÇÃO: A pessoa nega e distorce a realidade que se apresenta "perigosa" para ela; recusa a percepção do que possa lhe parecer desagradável. Esse mecanismo não deixa de estar presente em outros, como a racionalização, a projeção e a reação contrária. Pais que, diante de todas as evidências (dinheiro que some de casa, olhos parados e congestionados dos filhos, manchas nos braços, etc.), nem conseguem imaginar que os filhos sejam consumidores de drogas, simplesmente estão "negando" a realidade.

IDENTIFICAÇÃO: É a assimilação das qualidades de uma personalidade qualquer, que possui o desejado, aumentando com isso o sentimento de valia própria. Este mecanismo é a base de todo o fanatismo, quando o indivíduo preenche o seu vazio interior com uma *idéia* ou uma *pessoa*. Quantos Elvis Presley, Beatles, Madona e Xuxa não temos tido por aí?

DESLOCAMENTO: É uma forma específica de projeção através da qual a pessoa descarrega, automaticamente, em algum objeto ou pessoa, um sentimento reprimido. Uma criança que foi frustrada por seus pais em algum de seus desejos e bate em seu irmão menor, não está senão deslocando para esse a sua raiva.

CONVERSÃO SOMÁTICA: Neste tipo de comportamento a pessoa foge da realidade "somatizando" seus conflitos, isto é, apresentando-os como dores ou disfunções no corpo físico.

Os neuróticos não apenas abusam dos mecanismos de defesa, mas guardam todo um "lixo psicológico", que é a acumulação silenciosa, insidiosa, de experiências mal vividas, mal digeridas, mal-aceitas, mal pensadas, não elaboradas e não verbalizadas.

Geralmente, no fundo de toda personalidade neurótica, vamos encontrar sentimentos de ansiedade e culpa por causa de conflitos e de impulsos que, normalmente, o indivíduo ignora.

Outra característica importante da neurose é o medo da mudança. O neurótico se apega, rigidamente, a situações, pessoas, coisas e hábitos familiares. O desconhecido lhe assusta sobremaneira. Entretanto, sabemos que é impossível caminhar para a frente, crescer, sem que nossos passos abandonem o terreno firme do que é relativamente conhecido, e nos leve ao risco natural e necessário de pisar no chão ainda inexplorado.

Outra tendência natural do neurótico é agarrar-se firmemente às suas convicções. Geralmente, ele é o "dono da verdade". Não sabe conviver com os contrários.

Usar máscara é outro comportamento próprio do neurótico. Não deliberadamente, mas inconscientemente. Inclusive, ele vive num medo constante de ser "flagrado".

Sentimentos de insatisfação difusa, insegurança, inadequação, inferioridade, inibições excessivas, tensão, conflitos sem solução, dependência constante da aprovação e do afeto alheios, espírito de guarda contra tudo e contra todos, parecem ser outras características do comportamento neurótico.

TIPOS DE NEUROSE

> "Como na água o rosto corresponde ao rosto, assim o coração do homem ao homem."
>
> (*Provérbios* 27,19)

Acredito que é uma certa "tolice" falar em tipos de neurose, pois, na realidade, não há nenhuma forma "pura". Esta é mais uma questão didática, acadêmica. Mas o que estou querendo que você compreenda é que, dependendo do tipo de conflito que aflige o indivíduo, dependendo, pois, do que lhe passa no íntimo, da fase do desenvolvimento em que os traumas se deram, as manifestações externas, os comportamentos, os sintomas serão diferentes.

Assim, para se ter uma visão global do assunto, vamos tentar agrupar e classificar as manifestações neuróticas.

Na chamada NEUROSE DE ANGÚSTIA, o indivíduo apresenta uma constante ansiedade, medos irracionais de morrer, enlouquecer, etc. Sente pressão no peito, taquicardia, problemas psicossomáticos como dores de cabeça, alergia, distúrbios gástricos, asma, hipertensão arterial. Há, também, crises de irritabilidade, neurastenia, desânimo, cansaço fácil, debilidade, depressão.

Pode apresentar, além disso, um excesso de preocupação consigo mesmo e com sua saúde (hipocondria). Na hipocondria, as doenças são imaginárias e não reais. O indivíduo se queixa de dor de estômago e a endoscopia nada mostra; de dor no peito e o eletrocardiograma é normal, não há hérnia de hiato ou problemas na coluna, e assim por diante. Muitas vezes uma pessoa de constituição realmente frágil, e que está sempre doente, é rotulada pelos leigos de "hipocondríaca", o que só demonstra a ignorância do termo.

O hipocondríaco é, acima de tudo, um sensível. Aliás, há um trecho interessante de Herman Hesse (escritor alemão contemporâneo) sobre o assunto. Ele diz: "Os psiquiatras declaram hipocondríaco aquele que, demasiado sensível, reage violentamente aos menores obstáculos, a uma simples provocação, à mais leve ofensa. Entretanto, essa mesma pessoa é capaz, talvez, de suportar com paciência dores e abalos que, à maioria dos homens, parecem intoleráveis. Por outro lado, é tido como normal e sadio aquele cujos calos podemos pisar sem que o note...".

Há muitos autores que consideram a hipocondria e a neurastenia como tipos específicos de neurose. Prefiro, porém, considerá-las como sistemas, presentes não apenas na neurose de angústia, mas também em outras formas de neurose.

Alguns neuróticos apresentam reações obsessivo-compulsivas. Uma reação obsessiva é um pensamento persistente, habitual, involuntário, que domina a mente do sujeito. Já a compulsão é um ato irracional que, usualmente, resulta de pensamentos obsessivos. De um modo geral, os pensamentos obsessivos e o comportamento compulsivo ocorrem juntos, mas há momentos em que um acontece sem o outro. A obsessão pode tornar-se tão severa que todos os pensamentos giram em torno de uma única idéia, como a morte, o suicídio, etc.

Freqüentemente, o comportamento obsessivo assume um caráter ritualístico. O compulsivo estabelece o ritual com o objetivo de criar um clima de ordem no qual ele possa funcionar, sem ser tomado por suas ansiedades reprimidas.

As reações obsessivo-compulsivas são geralmente acompanhadas de considerável ansiedade. O ciclo é usualmente: ansiedade → pensamento obsessivo ou comportamento compulsivo → alívio → volta da ansiedade.

Normalmente, o indivíduo obsessivo-compulsivo tem mania de limpeza, lava constantemente as mãos, olha repetidamente se as portas estão fechadas, repete ritualisticamente as mesmas atividades todos os dias... Lembra-se do exemplo do funcionário com que comecei o livro?

Hoje se sabe que as neuroses obsessivo-compulsivas, assim como a depressão, a enxaqueca, a apatia, o mau-humor estão ligados a uma substância neuroquímica chamada serotonina. Devem ser tratadas não somente com psicoterapias ou ansiolíticos (os comuns tranqüilizantes), mas atacando o distúrbio original.

Existem indivíduos que são fóbicos. As fobias são sentimentos intensos de ansiedade que se ligam a objetos ou situações que o indivíduo acredita serem responsáveis por sua ansiedade.

Ter medo de cobra, por exemplo, é uma coisa natural, pois a cobra realmente oferece perigo. Porém, ter medo de elevador já é fobia, pois, normalmente, o elevador não oferece perigo algum. Na verdade, o que acontece é que o elevador (lugar fechado) simboliza alguma coisa ligada a algum conflito reprimido.

As fobias parecem ser o resultado de conflitos reprimidos que, muitas vezes, se expressam simbolicamente. A pessoa afetada pela fobia evitará lugares ou situações que possam trazer o conflito à tona. Os distúrbios mais comuns de fobia são: a claustrofobia (medo de lugares fechados), a acrofobia (medo de alturas), zoofobia (medo de animais), patofobia (medo de doenças), tanofobia (medo da morte).

As fobias provocam as reações orgânicas naturais nas situações de medo: taquicardia, empalidecimento, suores frios, tremores, etc.

As pessoas que sofrem de fobia e crises de pânico são particularmente propensas ao suicídio (pesquisa realizada pela Universidade de Colúmbia, N.Y.).

Outra manifestação neurótica é a histeria, que muitos leigos, e até mesmo profissionais da saúde, chamam, com desprezo, de piti, faniquito, chilique, etc. Uma coisa, porém, de há muito está bem estabelecida: *a histeria não é um fingimento*, como pensavam tantos, é uma doença funcional, com um conjunto de sintomas bem definido. No entanto, o seu diagnóstico é uma fértil fonte de erro clínico.

A pessoa histérica geralmente apresenta uma hipersensibilidade e uma forte sugestionabilidade. Parece que a doença deve resultar de um conflito motivacional profundo e, freqüentemente, a maneira de escapar do conflito é através da conversão somática, mecanismo de defesa sobre o qual falei anteriormente.

Lacan, o mais moderno seguidor francês de Freud, falecido em 1981, e que sacudiu Paris e toda a França com suas teorias, considerava-se "um perfeito histérico" e acrescentava que "uma perfeita histéria é a que não tem sintomas". Com isso ele queria dizer que, na histeria, há um corte entre a psique e o soma (a parte física) de forma tal que a pessoa recusa tanto a dor como o conflito, não apresentando os sintomas costumeiros, mas o corpo "fala" pela psique.

A amnésia é uma reação histérica, de ordem dissociativa, em que a pessoa "esquece" lugares, objetivos, situações, fatos que lhe são particularmente dolorosos. O esquecimento é "verdadeiro", mas não há nenhuma causa orgânica aparente que o justifique.

A personalidade múltipla é outro processo dissociativo. Quando os conflitos são muito severos e a pessoa não consegue escapar deles pelos mecanismos costumeiros de defesa, ela cria outra personalidade. Somente uma das personalidades pode funcionar em nível de consciência; a certos intervalos *a outra* personalidade toma conta da situação.

Muita gente confunde esse tipo de distúrbio com a esquizofrenia (um tipo de psicose), porque ambos resultam em drástica mudança de comportamento. Entretanto, eles são diferentes. Personalidade múltipla é a manutenção de duas ou mais personalidades ao mesmo tempo. Tem-se a impressão de que se está lidando com pessoas diversas. Já a esquizofrenia é uma quebra da realidade; a pessoa mergulha dentro dela mesma e as ameaças parecem vir de fora, na forma de "entidades" que a perturbam e a levam a ações indesejáveis como a autoflagelação ou o suicídio.

Uma diferença fundamental entre neurose e psicose é que, por mais séria que seja a neurose, o indivíduo tenta lidar com a realidade. Já o psicótico não, ele vive, quase sempre, fora da realidade, que não lhe interessa absolutamente.

Muitas vezes a histeria se manifesta sob a forma de doenças que não são reais (conversão somática). A pessoa fica cega mas não há nada que justifique sua cegueira; ou fica paralítica, também sem causa orgânica... Para o paciente, a doença *é real: esta é a sua realidade psíquica.*

Finalizando, acho que posso afirmar que o neurótico é habitado pelos significados que ignora e que suas relações são determinadas por seus "fantasmas". Ele percebe a realidade, mas lida mal com ela. Tem dificuldade de entrar em contato com seus próprios limites, vive tenso e apresenta problemas na área da afetividade e da sexualidade.

Entretanto, enquanto ele não cai na apatia completa, há esperança para se livrar do sofrimento. Seus sintomas são como a febre, no caso da infecção: é uma prova de que ele está lutando para vencer suas dificuldades.

Existem, é claro, graus diferentes de neurose. Uma neurose grave, que praticamente incapacita o indivíduo, tornando-o muito insatisfeito e criando problemas sérios em seus relacionamentos, fazendo sofrer também seus familiares e amigos é uma neurose que pode acabar desaguando em uma psicose.

Não se assuste, porém, com tudo isso. Já expliquei que todos nós temos traços neuróticos e apresentamos, portanto, alguns destes sintomas de vez em quando.

Não tema, também, demonstrar suas emoções. Chorar diante de fatos tristes, ter raiva diante das frustrações e da hostilidade, ter medo diante do perigo objetivo, prazer e alegria diante de coisas boas, não é neurótico: é apenas humano.

Se uma pessoa chora desesperadamente diante da morte de um ente querido, ela não está em depressão e nem é histérica. É uma pessoa normal, que reage normalmente diante de uma dor muito grande.

Nós vivemos num mundo tão estranho e absurdo que as emoções naturais passaram a ser temidas. Uma coisa é certa, porém: o ser humano tem emoções e necessita liberá-las. Quem não apresenta emoções é *psicopata*: para mim a pior desordem mental, aquela em que o indivíduo sofreu uma quebra no seu processo de humanização e que, por isso, é frio, indiferente, sem consciência moral, desconhece o remorso, a compaixão, o amor e é incapaz de colocar-se no lugar do outro.

ANSIEDADE, FOBIA SOCIAL, DOENÇA DO PÂNICO E DEPRESSÕES

> "A dicotomia maniqueísta entre o psicológico e o biológico acabou."
>
> *Márcia Versiani*

Talvez você se pergunte por que dar atenção especial a estas doenças ou sintomas neuróticos, como querem alguns. A resposta é simples: é que, para acabar com o sofrimento que elas causam, ninguém precisa mais passar dez anos num divã.

O advento e a evolução da psiquiatria biológica revolve todo o panorama da psicologia. Se hoje existem medicamentos que podem afastar, em tempo breve, o sofrimento do paciente, não usá-los e teimar em ficar apenas "dissecando" o psiquismo do indivíduo não deixa de ser uma insensatez.

Esses problemas, como já tive oportunidade de lembrar, têm defeitos correspondentes nos neurotransmissores do cérebro. Se é assim, nada mais natural, antes de tudo, do que normalizar os neurotransmissores.

Isso não significa, em absoluto, a morte da psicoterapia. Ela, porém, terá que ser revista; deverá ser usada mais como um mecanismo de reeducação, ajudando o paciente, depois de normalizada a função químico-elétrica de seu cérebro, a desfazer-se de comportamentos estressantes e ansiosos que acabaram por se tornar habituais na sua maneira de lidar com a realidade. Não basta, pois, normalizar o funcionamento do cérebro, é preciso descondicionar atitudes e comportamentos já cristalizados e que se mostraram ineficazes.

A terapia cognitiva, que é um processo de reeducação, variando de seis a doze meses, talvez seja a melhor solução depois que o paciente já corrigiu o seu defeito bioquímico. A ansiedade, a fobia social, a doença do pânico ou a depressão já não são objetos de tratamento. Nessa fase, lida-se apenas com a palavra (na fase aguda da doença, não se utilizava a terapia). Estes são princípios que, pelo menos nos países mais desenvolvidos, já estão praticamente definidos.

Antes de desenvolver o assunto, talvez seja o momento de fazer algumas considerações.

Muitos sociólogos atacam o tratamento medicamentoso dado à população por causa de problemas emocionais e doenças psicossomáticas. Também os psicólogos costumam rejeitar esse tipo de tratamento, achando que tudo se resolve com psicoterapia. Uns e outros pensam que os problemas têm que ser atacados em suas causas e não em seus efeitos. E os primeiros colocam todas as causas no social e os últimos no psiquismo.

Temos, porém, que ter o cuidado de evitar radicalismos e buscar uma atitude equilibrada diante dos problemas, você não concorda? Se os distúrbios existem e o indivíduo está sofrendo por causa deles, é questão de humanidade procurar uma maneira mais rápida de proporcionar-lhe alívio.

Sabemos muito bem que muitas tensões estão no sistema social e se refletem no indivíduo. Entretanto, se não se pode transformar a sociedade agora, devemos, por isso, deixar que as pessoas sofram até que as mudanças ocorram? Talvez, até lá, essas mesmas pessoas nem vivam mais...

Isso não significa, absolutamente, estar de acordo com "dopar" alguns segmentos da população para que não tomem consciência da miséria social, econômica e política. Não é nada disso. O médico, o psicólogo ou outros profissionais da área da saúde não podem simplesmente estar de "braços dados" com um sistema que é injusto e faz tantas vítimas.

Por outro lado, sabemos que a terapia é importante em qualquer circunstância. Mas está ela ao alcance de todos? É pura alienação falar em terapia para a população pobre. Não somente pelo seu alto custo, no presente, mas porque este segmento da população não tem condições intelectuais, como resultado de uma nutrição deficiente, falta de estímulos e escolaridade, para a elaboração mental de sentimentos, motivações, impulsos, etc., que a psicoterapia exige. De qualquer forma, ela seria uma catarse, o que sempre é bom e necessário.

E então, se não se pode de imediato oferecer psicoterapia às pessoas, ou se não se pode, no momento, mudar as instituições, revolucionar o sistema, vamos simplesmente deixar o indivíduo entregue ao seu sofrimento até que, talvez, acabe lançando mão do suicídio, por não suportar as privações, os conflitos, o estresse?...

Não estou, em momento algum, fazendo apologia do medicamento, mas tenho que afirmar, por coerência, por consciência moral e por conhecimento científico, que não usá-lo, quando ele pode trazer alívio, é algo muito sério. É como deixar uma mulher debater-se, ainda hoje, nas dores do parto, quando se tem a anestesia ao alcance.

É claro que o ideal é sempre atacar a raiz dos problemas, como é necessário e importante visar a integração do homem orgânico e emocional a seu meio, porque qualquer desequilíbrio nessa tríade levará fatalmente à somatização, que funciona sempre como uma válvula de escape.

Não podemos negar os distúrbios orgânicos ou psíquicos porque vivemos a miséria social. Qualquer pessoa bem informada sabe que esses distúrbios também acontecem, nos países desenvolvidos, como nas camadas altas de nossa população.

Acredito que a visão holística, ou global, do homem é o fundamental na abordagem de todos esses problemas. Isso é o que estou e estarei procurando defender.

Voltando ao objetivo principal deste capítulo, gostaria de lembrar que o tratamento da depressão e da ansiedade com medicamentos já é coisa antiga. O que é novo, realmente novo, é o tratamento medicamentoso da "doença do pânico" e da "fobia social".

Não só a psicologia, pois, está sendo revista, mas a própria psiquiatria, que vem se agrupando a outras especialidades médicas.

Passemos, agora, a uma breve análise da nova abordagem das perturbações já referidas.

ANSIEDADE: A ansiedade é o medo de alguma coisa subjetiva e, já podemos observar, um elemento presente em qualquer forma de neurose. O objeto real da ansiedade está *dentro* do indivíduo.

Ela pode manifestar-se subitamente (neste caso, é designada por "doença do pânico") ou ser constante. Ela provoca sintomas semelhantes àqueles do medo: diarréia, vômito, tremores, empalidecimento, taquicardia, sudorese.

Muitas situações rotineiras causam ansiedade à pessoa que sofre de temores indefinidos. Essas situações podem ser desconfortáveis para o indivíduo comum, mas para o ansioso elas são intoleráveis.

Se ele é colocado em uma situação da qual não pode escapar, torna-se profundamente perturbado.

A ansiedade constante coloca todos os músculos em tensão, dificulta a concentração e provoca fadiga crônica.

Os psicólogos acreditam que os pais freqüentemente condicionam seus filhos a desenvolverem a ansiedade. Por exemplo, pelo castigo, quando as crianças tentam satisfazer suas necessidades (como no caso do sexo); contando histórias aterrorizantes; colocando objetivos muito além das capacidades das crianças ou mostrando, constantemente, descontentamento com todo o comportamento infantil. Se a conduta dos pais não é entendida pela criança, ela começa a sentir que suas necessidades são erradas ou imorais e que ela é um fracasso diante dos olhos paternos. Pais muito severos e que não dão lugar a fracassos ocasionais estão, na verdade, desenvolvendo ansiedade em seus filhos.

Mas o que mais nos interessa aqui é a existência de medicamentos que afastam a tensão e, se não modificam as condições externas ou o passado do indivíduo, dão alívio ao seu sofrimento e ajudam-no a enxergar a realidade e a lidar com ela de uma outra forma mais satisfatória.

FOBIA SOCIAL: Trata-se também de ansiedade, mas ansiedade ligada especialmente a situações nas quais o indivíduo tem de se expor. Ele evita, a todo custo, atividades sociais e procura isolar-se.

Aquele indivíduo que foi sempre chamado de excessivamente tímido, anti-social, sistemático, nada mais é que o fóbico social. Quando ele é obrigado a confrontar-se com situações em que terá de expor-se, como falar em público ou emitir uma simples opinião, reage com sintomas físicos como tremores, palpitações, sensação de desmaio, boca seca, rubor, etc.

Às vezes, o simples fato de precisar atravessar uma sala cheia de pessoas, coloca-o em pânico, imaginando todos os olhares voltados para si. Ao aceitar, por exemplo, uma xícara de chá, tem dificuldade de recebê-la, tal o tremor de suas mãos.

Hoje, medicamentos há muito usados para as diversas formas de disritmias cerebrais produzem resultados excelentes nos casos de fobia social.

Um médico relatou-me um fato interessante ocorrido com um paciente seu (até parece piada...). Depois de um certo tempo de tratamento, o cliente chegou ao consultório e relatou: "Doutor, é incrível, mas estou impressionado com *a transformação dos meus vizinhos!*"...

DOENÇA DO PÂNICO: A pessoa sofre de ataques ocasionais que provocam um desconforto físico agudo, cujo clímax é a sensação de estar tendo um ataque cardíaco. Sente que algo terrível está por acontecer (expectativa catastrófica), como, por exemplo, desmaiar, ter convulsões ou até mesmo morrer. É acometida de tamanho pavor, que parece sufocar.

Ela pode realmente chegar ao desmaio, tremer, empalidecer ou enrubescer; pode vomitar e perder o controle dos esfíncteres e o equilíbrio; seu pulso se torna rápido e irregular; transpira, sua boca fica seca, suas pupilas dilatam e pode experimentar uma forte dor na boca do estômago ou na região do peito.

A doença é tratada, hoje, com antidepressivos tricíclicos (não se importe muito com este nome, o que interessa é tratar...). Isso, porém, devo lembrar mais uma vez, não afasta a importância da psicoterapia. Ela sozinha, entretanto, vai conseguir pouco ou nenhum resultado.

DEPRESSÕES: Não usamos mais o termo "depressão", mas "depressões", pois existem vários tipos de depressão que, *no meu modo de ver*, não são senão graus do mesmo problema.

Em qualquer tipo de depressão, costuma haver perda de vitalidade, perda de memória, dificuldade de concentração, perda de interesse pelas coisas ao redor, invasão de pensamentos negativos, idéias de culpa, baixa estima, autocensura, auto-reprovação, nenhuma perspectiva de futuro, sofrimento por antecipação. Ela pode vir acompanhada de fobia, pânico e hipocondria.

De alguns anos para cá, a grande revolução que aconteceu com relação ao assunto foi a seguinte: as depressões que eram muito confundidas com a tristeza comum, com problemas psicológicos, desordem de personalidade, reações ao estresse, etc., passaram a ser uma questão de ordem médica.

Não vou deter-me nas várias formas de depressão; o que mais nos interessa aqui é a depressão crônica, que melhor responde aos medicamentos.

Antes, porém, de entrar nessa questão, gostaria de referir-me, ligeiramente, à depressão senil. O problema da velhice é muito sério, principalmente em países como o nosso. Além da morte natural de milhões de neurônios, que se dá ao longo da vida, o cérebro do idoso costuma ser mal irrigado por problemas de esclerose, o que, muitas vezes, lhe dificulta o raciocínio, a concentração e a memória recente.

O problema maior do idoso não está, entretanto, nessas questões físicas, mas, acima de tudo, na marginalização e na repressão, assim como no abandono. Mesmo quando, de alguma forma, ele pode ser produtivo e útil à sociedade, não lhe são dadas oportunidades. Além disso, lhe são vedadas expressões naturais dos impulsos, que ainda estão presentes nele e nada mais

significam que a expressão da própria vida. Qualquer indivíduo idoso que manifeste a necessidade de carinho, de sexo, de movimentação, de vaidade, etc., é rotulado logo de "ridículo".

Esses fatores, além das mazelas físicas, naturais nesta fase da vida, a solidão e a sensação de inutilidade costumam jogar o velho em um estado de depressão séria, que, tantas vezes, apressa-lhe a morte. O problema da depressão senil é, acima de tudo, um problema social de responsabilidade de toda a sociedade, que tem o dever de assistir ao idoso e restaurar-lhe o direito de viver com dignidade.

A depressão crônica é menos intensa, mas causa uma série de problemas como o pessimismo crônico, o desinteresse pelas atividades normais da vida. Seus portadores, antes considerados como melancólicos, são vistos hoje como portadores de depressão genuína e, principalmente de algum tempo para cá, estão se beneficiando muito com o tratamento medicamentoso.

Antigamente, pensava-se que os deprimidos crônicos *eram* deprimidos. Hoje, sabe-se que eles *estão* deprimidos. E o problema é que a grande maioria dessas pessoas não sabe disso e desconhece que existe um tratamento simples que pode tirá-las do sofrimento e proporcionar-lhes alegria de viver. Felizmente, hoje em dia, muitos estão tomando conhecimento disso através da mídia e buscando auxílio médico.

Mas é preciso ficar bem claro que o tratamento não vai tornar a pessoa otimista, eufórica, mas apenas normal. Vai tirar-lhe o "véu cinza" através do qual se acostumou a enxergar a vida e proporcionar-lhe maior conforto e satisfação.

Existe uma diferença fundamental entre *depressão* e *tristeza*, diferença esta que, muitas vezes, até os próprios médicos não percebem, receitando antidepressivos para uma pessoa que apenas está triste diante de um acontecimento verdadeiramente triste.

Enfrentamos acontecimentos bons e ruins durante a nossa vida. O deprimido, porém, só vê o lado ruim de tudo. Ele é aquele indivíduo mal-humorado, anti-social, pessimista, com dificuldade de relacionamento pessoal e no trabalho.

Todas as formas de depressão, e, principalmente, a depressão crônica (assim como a fobia social e a doença do pânico) podem levar ao alcoolismo, às drogas e ao suicídio.

Bem, uma coisa é bastante relevante em toda essa discussão: a divisão entre o psicológico e o biológico acabou. Era uma divisão puramente didática e absolutamente ilógica porque o homem é um todo e tem que ser sempre observado desta forma.

Digamos que alguém tenha um sério problema emocional. Aí essa pessoa desenvolve uma gastrite grave, que evolui para uma úlcera e que, se não tratada, pode levá-la à morte. O que a matou? O problema emocional ou a úlcera? Depois da manifestação da úlcera, seria a psicoterapia capaz de evitar-lhe a evolução e a conseqüente morte?

Existem atualmente medicamentos que resolvem a gastrite em pouco tempo; os cirurgiões de úlcera não têm mais o que operar. Importa se a úlcera foi causada ou não por problemas emocionais? O remédio resolve a conseqüência e não pode deixar de ser usado.

No caso da depressão, o que é impressionante é que o remédio vai modificar o relacionamento do indivíduo com os problemas ambientais. A base do sentimento do deprimido é um humor depressivo que colore o mundo pelo pessimismo, pelo negativismo, pela irritabilidade. E é aí que o remédio vai atuar. Isto é algo cabalmente comprovado e essa é a grande evolução.

Todas as formas de depressão respondem, hoje, em todo o mundo, pelo menos por 40% dos suicídios, sendo a segunda causa o alcoolismo e a terceira a esquizofrenia.

Há algum tempo, um suplemento do *The New York Times* informou que, nos Estados Unidos é considerado *crime* tratar um deprimido sem o concurso de medicamentos. Isso tem gerado processos de vários tipos, perda de diplomas, indenizações, etc.

O tratamento farmacológico das depressões é considerado em todos os grandes centros do mundo, que estudam o assunto, como a melhor prevenção do suicídio, e, por mais que nós da área da psicologia valorizemos a psicoterapia, não podemos negar a realidade e deixar de encaminhar para os médicos aqueles pacientes que necessitam de sua assistência. Não fazer isso é absolutamente antiético.

A HISTÓRIA DE VIDA

> "Se não tivesses nome
> Se não tivesses história
> Se não tivesses livros
> Se não tivesses família...
> Se fosses apenas tu
> Nu sobre a grama
> Quem serias, então?..."
>
> *Philip Glass*

O ser humano, ao mesmo tempo que faz História, tem uma história particular, rica de acontecimentos, que o cérebro, como um computador, registra fielmente. Mesmo fatos que parecem ou pareceram de pouca importância, ou estímulos que a percepção sensorial aparentava não captar, estão gravados nesta máquina extraordinária, que é o cérebro humano.

E é claro que a personalidade do indivíduo, em cima de um potencial genético, vai se desenvolver em meio a todos os estímulos do ambiente.

Nós sabemos que a história de vida de cada um é única, uma caminhada individual, um acervo de experiências vivenciadas de uma maneira particular e intransferível. Mesmo os gêmeos univitelinos (formados de um mesmo óvulo e de um mesmo espermatozóide, portanto com a mesma carga genética) percebem os acontecimentos de uma forma particular e vão reagir a eles e ser marcados por eles de maneira diferente. Até eles, pois, mesmo quando criados juntos, vão ter uma história de vida inteiramente singular.

Hoje, não temos mais dúvida de que o núcleo da personalidade se forma na infância. Os acontecimentos da infância são, pois, importantíssimos na história de vida das pessoas.

Quando adultos, até o momento da morte, vamos viver mil e uma experiências. Experiências alegres, traumáticas, enriquecedoras, enfim, de toda ordem. E é evidente que cada indivíduo vai vivê-las de acordo com seus referenciais que, geralmente, desenvolveu na infância. Vai responder às coisas externas de acordo com o seu parâmetro individual, que é interno.

Todas as pessoas que passam por nossa vida têm maior ou menor importância, porque todas, de alguma forma, vão nos marcar. Inclusive na busca de nossa identidade, estamos sempre procurando modelos, motivo pelo qual somos vários "eus" que, na pessoa normal, se encontram integrados de tal forma que aparentam uma unidade perfeita. O que vai acontecer na desordem mental é exatamente a perda dessa unidade.

Entretanto, as pessoas que povoam a nossa infância — pais, babás, professores, amigos, irmãos — estas têm muita importância particular. Isto porque estes relacionamentos vão influenciar de maneira decisiva na formação de nossa auto-imagem, nossa auto-estima, na nossa sensação de segurança (ou insegurança...), na aceitação dos outros, no desenvolvimento da confiança ou desconfiança, do egoísmo ou desprendimento, na maneira como enxergar o mundo, as pessoas e as relações entre estas.

São as criaturas presentes em nossa infância, principalmente os pais psicológicos, que vão nos inculcar os valores primordiais que, mesmo depois da rebeldia e da reavaliação da adolescência, vão servir de referenciais básicos em nossas vidas.

A força e a autonomia do "eu", os sentimentos de liberdade (ou de escravidão e submissão), o otimismo ou o pessimismo, a alegria de viver ou a aceitação da vida como um peso, o sentimento de responsabilidade ou irresponsabilidade, a capacidade de sentir prazer sem culpa, ou o contrário, tudo isso está na direta proporção dos exemplos, das atitudes (atitude é uma tendência mental) e dos comportamentos de nossos pais.

Mesmo não sendo tão presentes ou quando falam pouco com os filhos estão transmitindo, de maneira às vezes até subliminar (mensagens sutis, mas repetidas com freqüência) os seus próprios valores: valores gerais e, também, valores com relação à criança. A criança sente quando é amada, valorizada, aceita, acolhida, aprovada e quando não o é. E essas sensações, mais do que tudo, vão nortear o desenvolvimento da sua personalidade.

Volte os olhos para trás. Percorra de novo toda sua caminhada. Lembra-se dos castigos que você não compreendeu? Das frustrações sem sentido por causa de regras fixas, que seus pais estabeleciam, sem um objetivo claro? Das crianças da vizinhança com quem queria brincar e não podia por causa dos preconceitos tolos, discriminatórios, que seus pais lhe passavam? Lembra-se do seu medo na escuridão do quarto? Das formas estranhas que parecia ver nas paredes? Por que não havia uma luz no corredor ou num abajur na cabeceira?

Continue no seu caminho de volta. Foi sempre escutado quando tinha um monte de emoções e experiências a transmitir? Sentiu-se estimulado por seu pais e professores em atividades que interessavam ou compreendido em suas dificuldades? Percebeu a preferência clara de uns e outros por algum outro filho ou outros colegas? O quanto isso lhe doeu?

E, depois, na adolescência? A solidão diante de todo um mundo do novo de sensações, de pensamentos, de desejos, de exigências... A tortura do sexo, os sentimentos de culpa, as dúvidas religiosas, a triste descoberta de que os pais eram ídolos de barro...

Ah, só você pode saber toda a riqueza e toda a dor de um caminho que teve que ir fazendo ao caminhar... Só você sabe de quantas culpas ainda hoje tenta se livrar, mesmo quando elas não têm nenhum sentido e a razão lhe aponta a loucura de todo esse processo...

Você, mulher, como se sente, quando no trabalho se lembra que o bebê está nas mãos de uma desconhecida? Você é uma profissional, mas lá no fundo de seu inconsciente está a advertência: "Você tem que ser uma boa mãe, uma boa esposa, uma boa dona de casa!". E como ser boa em tudo? Como dar conta de tudo? E lá vem a culpa...

A história de vida de cada um de nós... Um universo, uma eternidade, um romance...

Por tudo isso, sempre procuro chamar a atenção do processo educacional na formação da neurose. Há uma série de coisas que não dependem de nós: as mortes, as doenças, os acidentes, as catástrofes, as separações de qualquer ordem... Entretanto, em muitas áreas, o leme está nas mãos dos educadores.

As pessoas costumam se preparar para tudo na vida, mas ninguém se preocupa em se preparar para uma função de suprema importância: a de serem pais.

Pais neuróticos, filhos neuróticos. Não tanto por um fatalismo genético, mas por convivência, por criação de um ambiente inadequado para que a criança se desenvolva e atenda às suas necessidades. Se os pais, cheios de medo com relação a tudo, impedem a criança de fazer uma série de coisas, como subir em árvores, andar de bicicleta, sair sozinha, etc., o que será desta criança ao tornar-se adulta? Terá iniciativa, será independente, terá coragem de correr riscos, como a vida exige?

Sempre digo que a neurose é uma corrente que tem que ser quebrada em algum de seus elos, porque senão continuará sendo o triste legado que as gerações vão passando para diante.

O autoconhecimento é fundamental para quem deseja lidar com seres em formação. Assim como o é também o conhecimento de regras básicas de educação, que se alicerçam no amor, na aceitação, na liberdade para aprender e vivenciar os acontecimentos naturais da vida.

A criança adquire, necessariamente, expectativas e respostas na situação familiar. Como nessa época são muito limitadas suas oportunidades de observar com discernimento, adquirirá, em grande parte, preferências e aversões, estereótipos (conceitos fixos, preconcebidos) a respeito das pessoas, expectativas de segurança ou perigo e respostas emocionais condicionadas, baseadas no ambiente e nos acontecimentos de seu lar. Se a criança cresceu ouvindo comentários desairosos com relação aos negros, aos judeus, aos espíritas, ela desenvolverá uma aversão a estes tipos de pessoas, sem nenhum exame racional com relação ao seu sentimento.

Uma vez logradas tais aquisições, começara a funcionar o princípio de aprendizagem seletiva, isto é, as novas experiências só serão aceitas se confirmarem as crenças já estabelecidas. As demais serão rechaçadas.

Fatores como tolerância ou severidade, ajuste familiar geral, calor nas relações pais-filhos, recompensa, punição, superproteção, maneiras de se lidar com os fatores agressividade, sexualidade e frustração, todos são considerados básicos na formação da criança, alguns funcionando negativamente, outros positivamente.

A criança vai desenvolver o superego (consciência moral) ao identificar-se com seus pais, em especial com aquele do mesmo sexo, e comportar-se como os pais esperam que se comporte.

Agora, é claro que os pais não são os determinantes únicos sobre a personalidade da criança. Ela está sujeita, também, à influência de companheiros, professores e outras pessoas, assim como de leituras, cinema, televisão, etc. O certo, porém, é que, passando a infância, a influência paterna decai consideravelmente. Entretanto, o alicerce da personalidade já estará formado.

Mas, a nossa vida não acaba na infância ou na adolescência. Até à morte, estaremos sujeitos a mudar e a sofrer influências de múltiplos fatores. Depois da adolescência, contudo, a nossa história de vida estará muito mais sendo escrita por nós mesmos, por nossas opções, nossas motivações, nossas aspirações, nossos ideais, nossa filosofia pessoal. E as coisas tristes e alegres que nos acontecem são percebidas por nós, quase sempre, por referenciais que nos foram dados na infância e adolescência.

Um "eu" forte, desenvolvido na infância, é condição para se enfrentar, com tranqüilidade, todas as adversidades e todo o estresse da vida, que não podemos evitar.

Mas, talvez você se pergunte: "o que é um 'eu' forte?". O conceito de força do "eu" se relaciona, primordialmente, com as questões de auto-estima e adaptação emocional.

Geralmente, trazemos um déficit afetivo da infância, não é mesmo? Por quê? Porque, muitas vezes, as pessoas significativas, com as quais convivemos, não se deram verdadeiramente a nós. Quantas vezes nossos pais não nos escutaram? Nossos professores não se aperceberam de nós na classe? Fomos sempre acolhidos, incondicionalmente? Fomos compreendidos? Como todas essas pessoas nos julgavam? Na maioria da vezes a partir de um referencial que era delas e não nosso, não foi? E quantas vezes fomos punidos porque não éramos capazes de alcançar objetivos, que também não eram nossos?... E o pior é que esse processo acabava por nos levar a uma desvalorização própria, a uma falta de auto-estima.

E como resultado de tantas ações inadequadas, por parte das pessoas que eram importantes para nós, vinha o medo de sermos rejeitados, a auto-punição, a culpa, o vazio, a confusão, a ansiedade, a desorientação. Esta é, quase sempre, a história de vida de muitos de nós, história que acaba tendo como resultado um único caminho: o caminho da neurose.

O CONTEXTO SOCIAL

> "Por que falam em democracia, se ensinam nos lares e escolas o arbítrio e a tirania?
>
> *M. L. S. Teles*

A criança nasce em uma sociedade organizada, em que se fala uma língua, em que existem valores, filosofias, religiões, hábitos e toda uma tradição já consagrados.

E ela vai internalizar toda esta sociedade, com seus significados específicos, em seu processo de socialização. Vai interiorizar, desde a mais tenra infância, e na própria aquisição da linguagem, toda uma série de categorias pensantes, de atributos das coisas, de funções sociais, de hierarquia dentro dos grupos com os quais acabará por se identificar. As censuras, os tabus, os usos, os abusos, contradições e tensões desta sociedade breve estarão dinâmicos dentro dela mesma.

Aliás, tanto o marxismo como a psicanálise nos mostram, por vias diversas, como o homem fica enredado nas malhas de sua classe, de sua cultura, de sua constelação familiar.

Você viu, no capítulo anterior, que a família é a célula ideológica da sociedade, pois os pais, protagonistas principais da vida da criança, não são senão representantes de sua cultura.

Com freqüência, os pais fazem questão de que seus filhos correspondam às expectativas da sociedade, como um todo, e do grupo especial a que pertencem. Querem que os filhos tirem boas notas, sejam "bonzinhos e obedientes", pertençam a clubes, tenham "sucesso" (e aí a avaliação é bem subjetiva), enfim, que sejam "normais" em todos os sentidos.

Entretanto, no processo de socialização da criança, acaba acontecendo que, para se "moldar" de acordo com os modelos que lhe são impostos, ela acaba por perder a curiosidade, a espontaneidade, a originalidade e a criatividade, abrindo mão de si própria em troca da aprovação social. Quantas crianças que poderiam ser verdadeiros artistas deixaram morrer toda sua criatividade diante da crítica constante de sua professora, que se estarrecia com seus desenhos incomuns e com a combinação pouco usual das cores?... Quantos deixaram de ser atores, bailarinos, porque seus pais burgueses achavam que esse não era um meio "decente"?

O pior em todo esse processo é que os adultos acabam por transferir para as crianças os seus próprios "vazios" pessoais, porque muito pouco têm a oferecer.

Mas, por que o vazio? você talvez se pergunte. Eu acredito que é porque nosso sistema é extremamente destrutivo e deteriora a afetividade das pessoas. Ele serve para produzir vítimas, enquanto que os veículos ideológicos, como a família, a escola e a religião servem para ajustar a ele os novos membros. Há pessoas que não choram nem diante da morte de entes queridos, porque foi-lhes ensinado, pela família, que esta é uma demonstração de fraqueza e uma "deselegância". Mas a família apenas reflete o sentimento de uma sociedade que é fria, indiferente e hipócrita...

Temos que ser honestos e reconhecer que, diariamente, viramos as costas às injustiças, e acabamos sendo pagos para defender e perpetuar um sistema injusto. Como livrar-nos, porém, do sistema? Ajudando, pela nossa ação pessoal e coletiva, a criar um outro novo e melhor, onde a vida possa ter, para todos, e não apenas para alguns, sentido e condições de realização pessoal.

Se o contexto social dentro do qual os indivíduos vão desenvolver sua personalidade é, pois, um contexto conturbado, deteriorado, ele só poderá causar conturbações e deteriorações nesses indivíduos.

A sociedade contemporânea, em processo de decomposição, não está apenas destruindo o que é "humano" em nós, mas destruindo a própria humanidade. O momento de crise em que vivemos é crucial; temos de, fatalmente, escolher entre dois caminhos: o da vida ou o da morte.

A cultura como um todo, e os grupos primários (família, companheiros, vizinhança) em particular são largamente responsáveis pela formação das atitudes que vão orientar os comportamentos de seus membros, seus sentimentos, como preferências, aversões e preconceitos. Gostar de *rock* ou de música clássica, por exemplo, confiar nas pessoas ou desconfiar de todo mundo, ser espontâneo ou simulado, não são coisas que nascem conosco, mas que aprendemos dentro dos nossos grupos sociais.

As pesquisas têm mostrado que as atitudes das crianças possuem um alto grau de correlação com as de seu pai; à medida, porém, que vão crescendo, os companheiros passam a tomar o lugar da família.

O sistema educacional, a religião, e, hoje, mais do que nunca, os meios de comunicação de massa, principalmente a televisão, cumprem um papel de grande destaque na inserção da criança no contexto social.

A PSICOLOGIA E A PSICANÁLISE: CAMINHOS E DESCAMINHOS

> "O discurso médico substituiu o discurso clerical; um poder suplanta o outro; teríamos realmente dado um passo adiante?"
>
> *Marie Cariou*

Como falar em neurose sem apelar para a psicologia e a psicanálise e centrar as nossas discussões nas idéias freudianas? Sem a genialidade de Freud, sua coragem, seu pioneirismo, onde estaria a nossa compreensão do processo neurótico? Até mesmo para refutá-lo ou condenar aqueles que se cristalizam em suas idéias, temos que citá-lo e usar a terminologia por ele citada.

Negar a importância da psicologia e, em especial, da psicanálise, em todas as áreas da cultura ocidental, seria demonstrar um desconhecimento completo do que vem acontecendo neste século. Ambas rasgaram fronteiras e abriram novas perspectivas para o conhecimento humano. Ajudaram e têm ajudado bastante na compreensão da História, da Arte, da Religião, como na compreensão dos indivíduos, dos grupos e das relações humanas.

A psicanálise foi, aliás, uma verdadeira ruptura no pensamento ocidental, inscrevendo-se no quadro das filosofias da natureza que pretendem justificar, por uma ordem psico-físico-biológica, as superestruturas éticas (filosofia, religião, política, etc.).

Reconhecer, porém, a importância de ambas não significa que não tenham também contribuído para certos erros, como o reducionismo, o radicalismo, a unilateralidade de análise, o elitismo, o posicionamento, muitas vezes, superior de únicas donas da verdade e o simplismo de explicações para toda a grandeza e o mistério do ser humano. A esses erros, costuma-se chamar de "psicologismo" e "psicanalismo".

Analisar tudo somente sob o prisma psicológico e reduzir toda a beleza da produção humana, como a arte, a filosofia e as experiências místicas a simples questões libidinais (resultado da energia sexual, embora sexo dentro da teoria freudiana tenha um conceito bem mais amplo que o do vulgo) é um erro crasso, conseqüência do fanatismo daqueles que se apaixonam por determinadas idéias, sem examinarem os seus contrários, ou sem perceberem os diversos enfoques que podem ser dados a questões de uma mesma natureza.

Tenho conhecimento de pessoas que são levadas, muitas vezes, a estados graves de saúde porque seus terapeutas não reconheceram, a tempo, a verdadeira causa de seus distúrbios. Um médico relatou-me o caso de uma senhora, com um tumor cerebral, que tinha sido diagnosticado pelo psicólogo como resultado de um "surto psicótico" (crise de loucura). Outro caso: o de uma jovem que, apresentando desânimo constante, buscou um psicólogo que fez o diagnóstico de "depressão". Como, porém, com o decorrer da terapia, a jovem não apresentasse melhora, resolveu procurar um médico clínico que, diante dos resultados dos primeiros exames, pôde constatar a hipoglicemia (queda de açúcar no sangue, por deficiência de funcionamento do pâncreas), tendo a paciente voltado ao seu estado normal com uma simples dieta.

Acho que está faltando aos psicólogos e psicanalistas um pouco mais de humildade e interdisciplinaridade.

Relatou-me, também, um psiquiatra, que um paciente seu, já impregnado de idéias psicológicas, confessou-lhe que nunca sabia a hora certa em que deveria chegar à terapia. Temia que, ao chegar antes, fosse tido como *ansioso*; se chegasse depois, estaria demonstrando *resistência à terapia*, e, finalmente, se fosse pontual, seria tido como *obsessivo*.

É claro que o psiquiatra que me relatou o caso não faz parte do grupo daqueles saturados de "psicologismo" ou "psicanalismo". Tanto que contou-me a história com humor. E disse-me mais: que o exagero também acontece por outro lado, existindo muitos médicos que aplicam, ainda, eletrochoques em indivíduos que não são senão portadores de neurose.

Qualquer exagero tem que ser condenado. Qualquer estudo, qualquer análise ou pesquisa, qualquer tratamento que leve em conta apenas um aspecto do ser humano, fatalmente estará pecando pela base.

O exagero do pensamento psicanalítico pode, também, levar a uma compreensão unilateral da sociedade, colocando os problemas no inconsciente e na personalidade das pessoas, evitando, assim, cuidadosamente, o reconhecimento dos problemas sociais.

O "psicológico" tem sido, além de tudo, um diagnóstico sempre ao alcance diante de doenças, cuja causa o médico não sabe explicar. Assim como o "inconsciente" é apenas uma terminologia específica, têm bastado a muitos, atônitos diante de fenômenos paranormais. Pesquisas recentes no campo da física e da psicobiofísica estão descortinando aspectos do ser humano e de seu ambiente que, talvez, num futuro próximo, venham mudar todos os nossos conhecimentos, revolucionar a psicologia e a medicina, principalmente.

"Conflito edipiano, luta narcísico-anal, castração fálica, imago paterna, falo interiorizado, criança incestuosa, mãe-seio, avidez oral, inveja de pênis, função simbólica, transferência, contratransferência, continente desconhecido, foraclusão, economia libidinal, libido do ego, libido objetal, castração primitiva, inibição das pulsões do id, vida fantasmática"... você entendeu alguma coisa? São os jargões psicanalíticos que já nos cansam e criam, às vezes, confusões e elucubrações delirantes.

Voltando a citar Lacan, ele mesmo afirmou que a psicanálise era uma prática "delirante".

O que vejo como mais fantástico é os profissionais fazerem diagnósticos e desenvolverem todo um tratamento em cima de *idéias, simples idéias, sem nenhuma comprovação científica*. Às vezes, colocam em um indivíduo a etiqueta de "doente" e esse pobre coitado acredita e procura corresponder ao seu dito estado.

Uma criança contou-me que, em classe, uma professora classificou os cancerosos como pessoas cheias de ressentimentos. Fiquei abismada, pois todos nós conhecemos pessoas generosas, que jamais guardaram mágoas e que, no entanto, morreram de câncer. Porém, mais estupefata fiquei ao ler, em um jornal, esta mesma afirmação feita por um profissional da área. Isso é puro "psicologismo".

Sabemos que o estresse faz cair o sistema imunológico (as defesas do organismo). Pode acontecer, então, que a pessoa desenvolva um câncer. Seria científico, entretanto, afirmar que foram causas emocionais que provocaram o câncer? Para mim, uma afirmação desse gênero seria uma temeridade e até uma irresponsabilidade. Muitas pessoas têm estresse e jamais desenvolvem um câncer... Estamos cansados de saber que fatores como a radiação, alimentação inadequada, hereditariedade, etc., podem estar na base do câncer. A verdade é que o ser humano é muito complexo e que muitos fenômenos estão longe da nossa compreensão.

É preciso haver uma revisão da psicologia e uma releitura de Freud. É preciso compreender a origem dos teóricos (como no caso de Freud, a sua origem judaíca), o tempo em que viveram, a sociedade em que atuaram, a sua própria história de vida e sua personalidade. Só

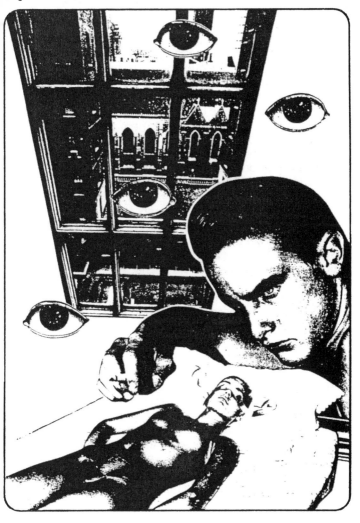

assim teremos uma verdadeira compreensão de suas idéias e não estaremos cegamente aceitando-as e tendo-as como *a verdade* que norteará a prática terapêutica ou o desenvolvimento de teses e discursos.

Ao comentar o "psicologismo", lembro-me de uma passagem de um livro de Joyce McDougall (psicanalista norte-americana contemporânea) em que ela conta sobre uma festa ocorrida na casa de colegas seus. Quando a festa terminou e os convidados se retiraram (é preciso lembrar que todos eram psicanalistas), a mãe virou-se para a filha adolescente e lhe perguntou se havia gostado da festa. A garota pensou por alguns instantes e respondeu: "Vocês psicanalistas só sabem falar de pênis ou do Instituto de Psicanálise. Você acha isto normal?"...

A verdade é que a idade dos milagres passou. Já se discute bastante a longa duração das terapias analíticas e seu final incerto. Aliás, ninguém ousa mais falar em cura.

Pouco a pouco as terapias breves, que se concentram no "aqui e agora", vão ganhando maiores adeptos e mostrando a sua eficácia.

O cego entusiasmo dos primeiros anos vai, portanto, arrefecendo para aqueles que realmente amam sua profissão e estão empenhados em caminhar para a frente. Eles já nem falam em cura, mas em mudanças. Nos seguidos congressos promovidos pela APA (American Psychoanalytic Association), em vários lugares do mundo, tem sido ressaltada a necessidade de se revisar posições e idéias e colocar como objetivo da análise a "capacidade de auto-observar-se".

A APA também vem reconhecendo a falta de pesquisas nos assuntos psicológicos. *Os psicanalistas pa-*

raram nas idéias freudianas. Toda a sua produção continua sendo a tentativa de analisar os conceitos de Freud. Os analistas vêm sendo constantemente advertidos de que é preciso sair da sombra de Freud e promover estudos próprios e atuais. Mas a sombra de Freud parece inescapável. Ao continuar por aí, a psicologia e a psicanálise, que, sem dúvida, tanto têm ajudado os indivíduos, vão acabar se perdendo por descaminhos, entrando na contramão da História...

EVITANDO A NEUROSE E BUSCANDO A CURA

> "Quero viver, existir, 'ser'
> E ouvir as verdades
> que existem dentro de mim."
>
> *Doris Warshay*

Vimos que a neurose é uma luta tenaz para preservar íntegro o núcleo individual e para se lidar com a realidade. Entretanto, percebemos como essa luta é cheia de sofrimento. Haverá meios de nos livrarmos dele? Ou amenizá-lo? Poderá o neurótico ficar livre de suas cadeias internas e tornar-se realmente mais criativo, produtivo e feliz?

A história da humanidade e a história dos indivíduos nos mostram que não há crescimento ou evolução sem sofrimento. Viver cortando cordões umbilicais, renascer a cada novo dia, ter consciência de nossos limites, da efemeridade da própria vida, de nossa impotência diante de tantas coisas, sofrer perdas constantes, ouvir os "sussurros de verdade" que tentamos abafar em nós mesmos, ou que os chamados "loucos", poetas, santos e profetas tentam nos dizer; perder-nos em "desertos de dúvidas": tudo isto é um processo doloroso, indispensável. Nisto consiste a própria teia da vida.

Acredito, porém, que o destino do homem é a felicidade e ele tem não somente o direito de buscá-la, mas até o dever.

A neurose não deixa de ser um certo desejo de permanecer na infância: é necessário, no entanto, crescer e enfrentar a hostilidade do mundo, e, para isso, é importante uma sensata combinação de esforço, raciocínio claro, humor e autoconfiança.

Decidir ser livre, em termos pessoais, ou permanecer acorrentado às expectativas alheias, é uma opção primeira que temos de fazer quando escolhemos o caminho da felicidade. Mudar, crescer, caminhar em direção à felicidade é, basicamente, uma questão de escolha, de decisão.

Por que se preocupar tanto com o que os outros pensam? O que eles lhe dão? Podem eles carregar, por um instante que seja, a sua própria cruz? Podem eles, por único dia, caminhar o caminho que é seu?...

Lembro-me sempre daquela apresentadora de televisão, a Xênia Bier, que disse, um dia, haver descoberto que carregava uma série de "caixotes", que pesavam em suas costas, o que tornava sua vida difícil e triste. Um dia, porém, ela percebeu que esses "caixotes" eram as expectativas e exigências alheias, e, simplesmente, resolveu livrar-se deles, pois nada podia obrigá-la a carregá-los. Foi, então, que começou a ser feliz.

Quem nos obriga a sermos perfeitos? Quem nos obriga a jamais fracassarmos? Quem exige que reprimamos tanto as nossas emoções?

Não somos mais crianças e não temos que obedecer a ninguém. Somos donos de nós mesmos. Devemos, pois, sair do hetero-apoio e buscar, com determinação, o auto-apoio. Toda a força mora dentro de nós. Devemos parar de colocar nossos problemas fora de nós e enfrentar nossos medos, nossas inseguranças, nossas fraquezas. Não devemos temer o fracasso ou a desaprovação. Amar a nós mesmos significa aceitarmo-nos e valorizarmo-nos.

Viver no passado traz a culpa, assim como viver no futuro traz a preocupação. Procuremos mergulhar inteiramente naquilo que estamos vivendo *hoje*.

Sair da "terra-do-faz-de-conta" é fundamental: nela ninguém pode ser feliz. Só seremos livres no dia em que abandonarmos, definitivamente, o terreno movediço do irreal, enfrentando a verdade de nós mesmos. Entrar nos jogos das pessoas é algo perigoso. Somos humanos e adultos: não precisamos ficar "brincando" para ver quem é "o melhor" ou "o maior". Mesmo quando perseguimos, com sinceridade, o bem, a justiça, o amor, a fraternidade, continuamos cheios de defeitos, de falhas, de quedas e isto não constitui nenhuma vergonha.

Lembremo-nos de que aquele que não explode, implode... É preciso pôr para fora os sentimentos, as emoções. Se nós não os reprimimos, eles vão fluir naturalmente, mansamente, até se esgotarem. Se, do contrário, nós os prendemos, a sua energia bloqueada, em algum ponto de nosso organismo, vai acabar por transformar-se, mais cedo ou mais tarde, em uma doença no corpo físico ou psíquico.

A nossa civilização tem um "quê" de hollywoodiano: "as mulheres devem ser lindas, os homens ricos e fortes. Todo mundo deve ser saudável e bem-sucedido". A competição é a base de tudo. E a nossa inteligência nos mostra uma coisa bem simples, bem primária: em uma corrida, em uma competição, poucos podem vencer, a maioria tem que perder.

Mas perde o quê? Dinheiro, sucesso, poder, sexo, beleza, juventude... Essas coisas estão realmente fazendo as pessoas felizes?...

Desde que nascemos estamos perdendo, mas também ganhando em crescimento, em aprendizagem, em expansão interior. Alcançar a paz, a sabedoria, o equilíbrio, não será um objetivo mais saudável? Não nos deixemos enganar pelas distorções de nossa cultura!

Devemos ter sempre a mente aberta a todas as experiências novas. Os rígidos nunca crescem e vivem tensos. Tendem a fazer as coisas sempre da mesma forma. Isto é a base de todo o preconceito, outro empecilho ao crescimento.

Não tenhamos medo de correr riscos. A vida em si já é um risco. Procuremos vivê-la como uma aventura.

Temos que libertar-nos dos "devia" e "não devia". Procurar ter senso de humor diante das adversidades da vida, cultivando a honestidade e a espontaneidade.

Talvez você esteja pensando que tudo isto está parecendo um sermão... Mas a verdade é que o conhecimento da ciência comportamental, a experiência terapêutica e a própria vivência, mostram-nos que estes são caminhos seguros para se evitar a neurose. Assim como são muitos os caminhos da cura. Um deles é a religião. Não o fanatismo, a beatice, a mitificação, a dependência, a infantilização, mas a crença sincera nas leis cósmicas e na Energia Superior que mantém a harmonia da vida. Jung, discípulo de Freud, dizia: "Em geral todas as religiões são psicoterapias, são formas de cuidar e curar os sofrimentos da alma e os padecimentos corporais de ordem psíquica".

A biodança, o relaxamento, a ioga, a bioenergética, a música, a terapia ocupacional, as caminhadas diárias, a meditação, as técnicas orientais de harmonização de movimentos e de ritmo mental, a leitura, tudo isso nos ajuda na busca do equilíbrio e da paz; entretanto, se não somos capazes de, sozinhos, resolver os nossos conflitos, há a necessidade de se buscar a ajuda de um profissional.

Com relação ao tratamento medicamentoso, já falei sobre os casos em que ele se enquadra e é necessário. Agora não posso deixar de me referir à psicoterapia, porque ela é, muitas vezes, o único caminho capaz de aliviar o sofrimento e de retirar o indivíduo das malhas da neurose.

O termo "terapia" significa em grego "cuidado". Cuidado com o quê? Com quem? Cuidado com a psique de um indivíduo, visando a melhoria de seu estado emocional a fim de que ele possa relacionar-se melhor consigo próprio, com as pessoas e com o mundo.

A terapia é uma espécie de corpo-a-corpo: de um lado, o terapeuta, com seu conhecimento, sua técnica, seu autocontrole, sua sensibilidade, a consciência de suas limitações e fraquezas; do outro, o paciente, com suas cicatrizes, seu sofrimento, seu amor, seu ódio, suas paixões e resistências.

O terapeuta vai ajudar o paciente a buscar seus próprios caminhos, com coragem e determinação.

A terapia não pretende realmente curar ninguém, mas apenas ajudar o homem a se conhecer melhor e, como conseqüência, a viver melhor. Portanto, a sua finalidade é promover a mudança. Mas, para que essa mudança seja alcançada, é necessário, da parte do paciente, a vontade de mudar, e, da parte do terapeuta, principalmente, a humildade.

A mudança construtiva da personalidade e do comportamento só é possível quando a terapia é um verdadeiro *Encontro*. E o *Encontro* só se dá quando há entrega e confiança, de parte a parte.

Mais do que fabricar e se ater a complexas teorias de personalidade e terapia, mais do que a pretensão absurda de que sua especialidade é necessária e suficiente, mais do que palavras de compromisso e consideração; mais do que interpretações de sonhos, situações e sentimentos, o terapeuta deve ter um comportamento decente, honesto, amável e não recusar "nutrição" ao paciente (nutrição é afeto, acolhimento incondicional).

Você já sabe que os sintomas são uma linguagem e o terapeuta precisa saber interpretar essa linguagem. Mas, para isso, ele deve ter uma boa formação, não somente na sua área, mas também uma formação humanística, existencial e fenomenológica e uma visão ampla de problemas psicofisiológicos. E mais: necessita ser humilde, espontâneo, criativo, amante de si mesmo, das pessoas e do mundo, aberto, sensível aos problemas humanos, amigo do estudo; deve ser capaz de colocar-se no lugar do outro, ter uma comunicação autêntica e calorosa, uma concepção positiva da pessoa humana, maturidade emocional e espontânea flexibilidadde.

Desconfie, portanto, daquele terapeuta que, após meses de terapia, sabe apenas dizer: "seu tempo acabou"...

Muitos interpretam a terapia não-diretiva como não interferir nunca... isto pode significar apenas que eles não saibam *como* interferir... Talvez tenha chegado o momento de nós devolvermos a esse tipo de terapeuta a frase por ele tantas vezes enunciada: "seu tempo acabou"...

O ajudador efetivo é aquele que está em constante processo de crescimento físico, emocional, intelectual e espiritual. E é assim que imagino, também, que deveria ser uma pessoa "normal".

Concluindo, procure ficar alerta a tudo que conversamos, mas não vá se impressionar. Dizem os mais velhos que um travesseiro, uma presença amiga e uma xícara de chá de folha de laranjeira ou erva-cidreira curam todos os dissabores da vida e que a melhor terapia é procurar ter consciência de nossas dificuldades, melhorar sempre nossos comportamentos e não alongar as mágoas ou culpar nossos pais e as circunstâncias de nossa história por nossos problemas...

A vida é um eterno conflito. Podemos receber isto como uma graça para o crescimento, lutando o "bom combate" ou recebê-lo como um peso, que gera revolta e medo. A escolha é nossa.

Sem dúvida que o mais doloroso caminho é aquele que percorremos para dentro de nós mesmos, rumo ao nosso próprio coração, mas como diz o grande poeta mineiro, Max de Figueiredo Portes:

> Na vida que te empurra
> e te sacode
> no ser que já nem ser
> a gente pode
> na dor que dilacera
> as marcas que consomem
> melhora esse disfarce
> aos menos por ser Homem...

CONCLUSÃO

> "Como poderia compreender o medo, a tristeza, a solidão, a esperança, o amor — se eu também não sentisse meu medo, minha tristeza, solidão, esperança ou amor?..."
>
> *Erich Fromm*

O homem tem infinitas potencialidades que, se desenvolvidas, lhe permitiriam ser mais alegre, criativo, inteligente, livre e confiante. No entanto, nós o vemos, dia a dia, mais dividido, desesperado, isolado, cheio de medo, insegurança e hostilidade, destruído no âmago de sua existência psíquica — neurótico, enfim.

Quais seriam, no entanto, as verdadeiras forças-motrizes da neurose que se alastra como uma epidemia pestilenta pelo mundo moderno? Por que a vida, que poderia ser uma aventura fascinante, se torna um peso e um empreendimento sem significado, obrigando as pessoas a buscarem os mais estranhos e paradoxais meios de fuga? Por que o sentimento de inutilidade e de náusea, sufocando os poderes humanos, impedindo a busca de realização e a experiência enriquecedora da construção e da unidade? A resposta não pode ser simples, como você pôde ver durante toda esta nossa conversa, assim como não é simples o contexto dentro do qual se desenvolvem essas reações doentias.

Vivemos, sem dúvida, uma fase especial de nossa história no planeta, embora saibamos que, em seu milenar processo de evolução, a humanidade já tenha vivido fases semelhantes. O avanço do conhecimento e da técnica, que deveriam, pela lógica, ser instrumentos de felicidade do homem, vem tornando impessoal a existência humana, fazendo com que o indivíduo perca a significação. Esta, talvez, seja uma das premissas das quais devemos partir para chegar a alguma conclusão.

Poderá o homem suportar a angústia de deixar de ser "um", importante por si mesmo, por ser o que é? A dignidade e a liberdade do homem não estarão sendo ultrajadas, quando ele passa a importar apenas como fonte de produção ou como joguete de forças econômicas e políticas? E poderá ele viver sem a sua liberdade e a sua dignidade?

A dor, a angústia e a morte são fatos inevitáveis e temos que aprender a enfrentá-los. O homem não precisa ser necessariamente uma vítima de seu destino. O sentimento intensificado de vida nos ensina a lidar com a angústia e proclama a libertação do espírito, permitindo-nos viver no auge de um impulso.

A nossa impotência e a nossa solidão podem diminuir e se tornar toleráveis quando o nosso universo se abre para a vida e para o outro; quando acreditamos que existimos para realizar as nossas possibilidades e lutamos para tal.

Já vimos que uma estrutura altamente repressora e competitiva, que cria no homem a necessidade de medir-se com o mundo, sufocando-lhe a independência interior, a espontaneidade do sentimento e a sinceridade só pode ser destrutiva. Uma cultura que acoberta a realidade humana, com véus mistificadores, endeusando a racionalização e as ideologias, ao mesmo tempo que ignora as raízes emocionais do homem, só pode criar a divisão entre este e o mundo exterior, impedindo a experiência da unidade e da integração.

Mas se o homem é configurado pela cultura, como poderá fugir a isto? Acontece que toda relação é de mutualidade: ao mesmo tempo que o homem é moldado, ele molda; ao mesmo tempo que recebe influências, ele influencia; é, portanto, produto e produtor. Assim, se a posição e a ação do homem mudam, muda também a estrutura.

A neurose, como tenho procurado demonstrar, é, basicamente, um resultado da educação inadequada. Essa educação, porém, não é dada apenas pela família; ela é dada por toda a sociedade, através da pressão e do estímulo exercidos por todos os seus agentes. E é lógico, como já disse anteriormente, que se essa sociedade está "doente" e os seus valores são vacilantes, fatalmente os seus membros receberão o "germe" da neurose e apresentarão toda a síndrome (o quadro) do processo. Entretanto, além da dimensão social da educação, existe a dimensão pessoal, recriada pelas experiências individuais, que se fazem no seio de cada família, e pelo inter-relacionamento, carregado de expressão emocional, entre pais e filhos. Assim, os indivíduos, dentro da unidade celular da família, de uma certa forma, reconstroem a cultura.

Temos, então, algumas conclusões a apresentar. Em primeiro lugar, é preciso que nos lembremos, ao educar, que somos filhos de nosso tempo: somos diferentes das gerações passadas, sendo diversos o panorama social, os fatos, as coisas, os estímulos, as influências, os valores. Houve, inclusive, uma mudança no sentimento de espaço geográfico e de tempo histórico. Não tem sentido querer repetir os processos educacionais do passado.

Em segundo lugar, é preciso cuidado com os mecanismos de repressão. Uma situação bloqueada aumenta a tensão do impulso frustrado. Não é possível haver vida social sem repressões e frustrações; estas, porém, devem reduzir-se a um mínimo tolerável e, sempre que possível, ser devidamente canalizadas. Um dos fatores desencadeantes das desordens do mundo atual é, exatamente, a excessiva repressão que, durante séculos, foi exercida sobre os indivíduos.

Quando o homem sente vergonha de seu corpo e das forças que vivem latentes dentro de si, ele só pode viver dilacerado e restringido em suas potencialidades.

A educação precisa desenvolver a capacidade plena dos sentimentos do homem, para obter um desenvolvimento maior da inteligência e uma abertura maior para o mundo e os outros indivíduos. A restrição da imaginação infantil, a ameaça da liberdade interior, da espontaneidade, do sentimento de segurança e da confiança em si própria, cria na criança a hostilidade que, reprimida, se torna fonte de ansiedade, com os seus concomitantes, o medo, a desesperança e o isolamento.

"Nossos filhos não são nossos filhos, mas filhos e filhas da ânsia da vida por si mesma", como diz o poeta libanês Kahlil Gibran. É preciso acordar para esta realidade e lembrar que ninguém tem o direito de destruir uma promessa de felicidade ou uma alma humana. Se não somos livres, não podemos ser verdadeiros continuadores da vida.

Eu creio no homem e, por isso, acredito no restabelecimento da paz, que se fará por força e vontade da própria criatura. Neste tempo, então, que está por vir, a neurose não terá sido senão a dor de uma longa caminhada que nos terá levado ao verdadeiro crescimento, que nos colocará em comunhão perfeita com o cosmo.

INDICAÇÕES PARA LEITURA

HORNEY, Karen, *A personalidade neurótica do nosso tempo*, 4ª ed., Rio de Janeiro, Civilização Brasileira, 1969. A autora não apenas mostra as contradições e incoerências de nossa cultura, que contribuem para as nossas neuroses, como aponta o desenvolvimento da "ansiedade básica" na criança, resultado da repressão da agressividade.

Da mesma autora, *Nossos conflitos interiores*, nos ajuda na compreensão de nossas motivações inconscientes, subjacentes ao mecanismo de nossos comportamentos.

FROMM, Erich, *Psicanálise da sociedade contemporânea*, Rio de Janeiro, Zahar, 1965. O autor faz uma análise profunda das mazelas de uma sociedade capitalista, onde o "lucro" está acima do "homem", contribuindo para as distorções em seu psiquismo. Outras obras do mesmo autor, como *O medo à liberdade*, *A arte de amar*, *A revolução da esperança*, *Meu encontro com Marx e Freud* também nos ajudam muito na compreensão da sociedade em que vivemos e como ela influi, negativamente, no nosso desenvolvimento como seres humanos.

MEZAN, Renato, *A vingança da esfinge — ensaios de psicanálise*, São Paulo, Brasiliense, 1988. Como o próprio título indica, o autor estuda alguns dos conceitos básicos da Psicanálise, mostrando, principalmente, os artifícios do inconsciente. Outro livro dele, *Freud: a trama dos conceitos*, São Paulo, Perspectiva, 1989, ajuda-nos bastante na compreensão de nós mesmos, dentro dos conceitos psicanalíticos.

MCDOUGALL, Joyce, *Em defesa de uma certa anormalidade*, Porto Alegre, 1983, Artes Médicas. A autora discute, de forma magistral, os conceitos de normalidade x anormalidade, dentro da ótica psicanalítica. É um livro um tanto profundo, assim como os de Renato Mezan, para quem está apenas começando.

SERRANO, Alan Indio, *O que é psiquiatria alternativa*, São Paulo, Brasiliense, 1982. Alan Indio procura desenvolver a tese de como a nossa sociedade mascara os males que estão nela, preferindo colocá-los nos indivíduos e buscando formas de marginalizar aqueles que não se enquadram ao sistema.

REICH, Wilhelm, *Escuta, Zé Ninguém*, Rio de Janeiro, Liv. Martins Fontes Ed., 1977. Para mim, esta é uma das obras mais extraordinárias de Reich, ao alcance de qualquer leitor. Ele mostra aqui a alienação em que vive a maioria dos homens, servindo de "massa de manobra", sem criar e sem renovar nada e a maneira brutal como o sistema condena os homens inteligentes e revolucionários (como ele próprio, que acabou morrendo na prisão por escrever e pregar coisas que, ao homem comum, não interessa ouvir) por colocar em perigo as suas próprias convicções que sustentam uma sociedade medíocre.

HESSE, Herman, *Para ler e pensar e Obstinação*, Rio de Janeiro, Record, 1971. São obras que nos fazem refletir sobre a questão da recusa veemente de todas as sociedades com relação aos homens livres, criativos, independentes e inovadores, que, geralmente, sofrem a pecha de "anormais".

DYER, Wayne, *Seus pontos fracos*, Rio de Janeiro, Record, 1976. Um livro realmente para leigos, no estilo bem americano de proposição de fórmulas para uma vida melhor. Entretanto, o livro ajuda bastante na nossa auto-análise e na busca de nossos pontos fracos, que procuramos, cuidadosamente, esconder, inclusive de nós mesmos.

RIBEIRO, Jorge Ponciano, *Teorias e técnicas psicoterápicas*, Petrópolis, Vozes, 1986. Embora seja um livro dedicado aos profissionais da área, a linguagem é bastante acessível e pode ajudar o leitor a compreender o mecanismo das diversas psicoterapias.

TELES, Maria Luiza Silveira, *Uma introdução à psicologia da educação*, 7ª ed., Petrópolis, Vozes, 1988. É um livro de minha autoria, bastante simples, que procura mostrar a ligação entre o processo educacional e o desenvolvimento da neurose.

Caro leitor:
As opiniões expressas neste livro são as do autor, podem não ser as suas. Caso você ache que vale a pena escrever um outro livro sobre o mesmo tema, nós estamos dispostos a estudar sua publicação com o mesmo título como "segunda visão".

Sobre a Autora

Maria Luiza Silveira Teles é mineira, de Belo Horizonte, onde nasceu a 4 de maio de 1943. Professora universitária, titular de Psicologia da Educação e Sociologia da Educação, jornalista, escritora e conferencista. É licenciada em Pedagogia, com pós-graduação em Psicologia e Sociologia. Suas obras já publicadas são: O QUE É PSICOLOGIA (coleção Primeiros Passos, Brasiliense, constando do CÍRCULO DO LIVRO), APRENDER PSICOLOGIA (também pela Brasiliense), UMA INTRODUÇÃO À PSICOLOGIA DA EDUCAÇÃO, CURSO BÁSICO DE SOCIOLOGIA DA EDUCAÇÃO, A GREVE DAS CRIANÇAS (os três pela Vozes), AS SETE PONTES (romance, edição independente). Tem, ainda, participação em: ANTOLOGIA DA ACADEMIA MONTES-CLARENSE DE LETRAS (Ed. Comunicação) e POESIAS DE CADERNO (D. G. F. Ed.).

Coleção Primeiros Passos
Uma Enciclopédia Crítica

ABORTO
AÇÃO CULTURAL
ACUPUNTURA
ADMINISTRAÇÃO
ADOLESCÊNCIA
AGRICULTURA SUSTENTÁVEL
AIDS
AIDS - 2ª VISÃO
ALCOOLISMO
ALIENAÇÃO
ALQUIMIA
ANARQUISMO
ANGÚSTIA
APARTAÇÃO
ARQUITETURA
ARTE
ASSENTAMENTOS RURAIS
ASSESSORIA DE IMPRENSA
ASTROLOGIA
ASTRONOMIA
ATOR
AUTONOMIA OPERÁRIA
AVENTURA
BARALHO
BELEZA
BENZEÇÃO
BIBLIOTECA
BIOÉTICA
BOLSA DE VALORES
BRINQUEDO
BUDISMO
BUROCRACIA
CAPITAL
CAPITAL INTERNACIONAL
CAPITALISMO
CETICISMO
CIDADANIA
CIDADE
CIÊNCIAS COGNITIVAS
CINEMA
COMPUTADOR
COMUNICAÇÃO
COMUNICAÇÃO EMPRESARIAL
COMUNICAÇÃO RURAL
COMUNIDADE ECLESIAL
    DE BASE
COMUNIDADES ALTERNATIVAS
CONSTITUINTE
CONTO
CONTRACEPÇÃO
CONTRACULTURA
COOPERATIVISMO
CORPO
CORPOLATRIA
CRIANÇA
CRIME
CULTURA
CULTURA POPULAR
DARWINISMO
DEFESA DO CONSUMIDOR
DEMOCRACIA
DEPRESSÃO
DEPUTADO
DESENHO ANIMADO
DESIGN
DESOBEDIÊNCIA CIVIL
DIALÉTICA
DIPLOMACIA
DIREITO
DIREITO AUTORAL
DIREITOS DA PESSOA
DIREITOS HUMANOS
DOCUMENTAÇÃO
ECOLOGIA
EDITORA
EDUCAÇÃO
EDUCAÇÃO AMBIENTAL
EDUCAÇÃO FÍSICA
EMPREGOS E SALÁRIOS
EMPRESA
ENERGIA NUCLEAR
ENFERMAGEM
ENGENHARIA FLORESTAL
ESCOLHA PROFISSIONAL
ESCRITA FEMININA
ESPERANTO
ESPIRITISMO
ESPIRITISMO 2ª VISÃO
ESPORTE
ESTATÍSTICA
ESTRUTURA SINDICAL
ÉTICA

Coleção Primeiros Passos
Uma Enciclopédia Crítica

ONG
OPINIÃO PÚBLICA
ORIENTAÇÃO SEXUAL
PANTANAL
PARLAMENTARISMO
PARLAMENTARISMO MONÁRQUICO
PARTICIPAÇÃO
PARTICIPAÇÃO POLÍTICA
PEDAGOGIA
PENA DE MORTE
PÊNIS
PERIFERIA URBANA
PESSOAS DEFICIENTES
PODER
PODER LEGISLATIVO
PODER LOCAL
POLÍTICA
POLÍTICA CULTURAL
POLÍTICA EDUCACIONAL
POLÍTICA NUCLEAR
POLÍTICA SOCIAL
POLUIÇÃO QUÍMICA
PORNOGRAFIA
PÓS-MODERNO
POSITIVISMO
PREVENÇÃO DE DROGAS
PROGRAMAÇÃO
PROPAGANDA IDEOLÓGICA
PSICANÁLISE 2ª VISÃO
PSICODRAMA
PSICOLOGIA
PSICOLOGIA COMUNITÁRIA
PSICOLOGIA SOCIAL
PSICOTERAPIA
PSICOTERAPIA DE FAMÍLIA
PSIQUIATRIA ALTERNATIVA
PUNK
QUESTÃO AGRÁRIA
QUESTÃO DA DÍVIDA EXTERNA
QUÍMICA
RACISMO
RÁDIO EM ONDAS CURTAS
RADIOATIVIDADE
REALIDADE
RECESSÃO
RECURSOS HUMANOS
REFORMA AGRÁRIA
RELAÇÕES INTERNACIONAIS
REMÉDIO
RETÓRICA
REVOLUÇÃO
ROBÓTICA
ROCK
ROMANCE POLICIAL
SEGURANÇA DO TRABALHO
SEMIÓTICA
SERVIÇO SOCIAL
SINDICALISMO
SOCIOBIOLOGIA
SOCIOLOGIA
SOCIOLOGIA DO ESPORTE
STRESS
SUBDESENVOLVIMENTO
SUICÍDIO
SUPERSTIÇÃO
TABU
TARÔ
TAYLORISMO
TEATRO NO
TEATRO
TEATRO INFANTIL
TECNOLOGIA
TELENOVELA
TEORIA
TOXICOMANIA
TRABALHO
TRADUÇÃO
TRÂNSITO
TRANSPORTE URBANO
TROTSKISMO
UMBANDA
UNIVERSIDADE
URBANISMO
UTOPIA
VELHICE
VEREADOR
VÍDEO
VIOLÊNCIA
VIOLÊNCIA CONTRA A MULHER
VIOLÊNCIA URBANA
XADREZ
ZEN
ZOOLOGIA

Coleção Primeiros Passos
Uma Enciclopédia Crítica

ETNOCENTRISMO
EXISTENCIALISMO
FAMÍLIA
FANZINE
FEMINISMO
FICÇÃO
FICÇÃO CIENTÍFICA
FILATELIA
FILOSOFIA
FILOSOFIA DA MENTE
FILOSOFIA MEDIEVAL
FÍSICA
FMI
FOLCLORE
FOME
FOTOGRAFIA
FUNCIONÁRIO PÚBLICO
FUTEBOL
GEOGRAFIA
GEOPOLÍTICA
GESTO MUSICAL
GOLPE DE ESTADO
GRAFFITI
GRAFOLOGIA
GREVE
GUERRA
HABEAS CORPUS
HERÓI
HIEROGLIFOS
HIPNOTISMO
HIST. EM QUADRINHOS
HISTÓRIA
HISTÓRIA DA CIÊNCIA
HISTÓRIA DAS MENTALIDADES
HOMEOPATIA
HOMOSSEXUALIDADE
IDEOLOGIA
IGREJA
IMAGINÁRIO
IMORALIDADE
IMPERIALISMO
INDÚSTRIA CULTURAL
INFLAÇÃO
INFORMÁTICA
INFORMÁTICA 2ª VISÃO
INTELECTUAIS
INTELIGÊNCIA ARTIFICIAL
IOGA
ISLAMISMO
JAZZ
JORNALISMO
JORNALISMO SINDICAL
JUDAÍSMO
JUSTIÇA
LAZER
LEGALIZAÇÃO DAS DROGAS
LEITURA
LESBIANISMO
LIBERDADE
LÍNGUA
LINGÜÍSTICA
LITERATURA INFANTIL
LITERATURA POPULAR
LIVRO-REPORTAGEM
LIXO
LOUCURA
MAGIA
MAIS-VALIA
MARKETING
MARKETING POLÍTICO
MARXISMO
MATERIALISMO DIALÉTICO
MEDICINA ALTERNATIVA
MEDICINA POPULAR
MEDICINA PREVENTIVA
MEIO AMBIENTE
MENOR
MÉTODO PAULO FREIRE
MITO
MORAL
MORTE
MULTINACIONAIS
MUSEU
MÚSICA
MÚSICA BRASILEIRA
MÚSICA SERTANEJA
NATUREZA
NAZISMO
NEGRITUDE
NEUROSE
NORDESTE BRASILEIRO
OCEANOGRAFIA

IMPRESSÃO:

Santa Maria - RS - Fone/Fax: (55) 222.3050
www.pallotti.com.br
com filmes fornecidos